FRÉDÉRIC SOULIÉ.

LA COMTESSE

DE MONRION.

SECONDE PARTIE.

JULIE.

I

OEUVRES

DE

FRÉDÉRIC SOULIÉ.

CHEZ LE MÊME ÉDITEUR :

SOUS PRESSE :

LE DUC DE GUISE,

Par Frédéric Soulié.

UN NOUVEL OUVRAGE,

Par H. DE BALZAC.

LE JOUR ET LA NUIT,

PAR ALPHONSE BROT.

LA COMTESSE DE MONRION,

(Seconde partie.)

Par Frédéric Soulié.

UNE NOUVELLE PUBLICATION,

Par le comte Victor Du Hamel.

LE MORT VIVANT,

PAR JULES LECOMTE.

MÉMOIRES D'UN VIEIL AVOCAT,

Ecrits par lui-même.

LE PÉCHÉ DE M. ANTOINE,

(Seconde partie.)

PAR GEORGE SAND.

L'AMAZONE,

(Faisant partie de la 5e livraison du *Foyer de L'Opéra*, 2 vol. in-8.)

Par Alexandre Dumas,

LAGNY. Imp. de Giroux et Vialat.

LA COMTESSE

DE

MONRION

SECONDE PARTIE.

JULIE,

PAR

Frédéric Soulié.

1

PARIS,

HIPPOLYTE SOUVERAIN, ÉDITEUR

de MM. Frédéric Soulié, George Sand, Jules Lecomte, de Balzac, Alexandre Dumas, Paul de Kock, Alphonse Brot, Amédée de Bast, etc.

RUE DES BEAUX-ARTS, 5.

1847.

VUE PRISE A VOL D'OISEAU.

I.

Par une belle matinée du mois de mai, deux hommes à cheval gravissaient un chemin pierreux qui montait en serpentant le long d'une colline.

A la position respective des cavaliers, on pouvait juger que l'un était le maître et l'autre le valet ; à leur tournure, tous deux étaient ou avaient été militaires.

Le premier, monté sur un très beau cheval arabe, pouvait avoir trente ans. Il était blond, mais l'épaisse moustache et la royale qu'il portait avaient une couleur fauve qui donnait une expression presque farouche à sa physionomie ; des yeux d'un bleu gris, un nez aquilin, ajoutaient à cette expression, qui n'était tempérée que par la grâce particulière de la bouche.

Le soleil de l'Afrique avait donné au visage du cavalier cette teinte ardente et brune qui est devenue presque familière aux yeux des Français, depuis quelques années.

Cet homme portait une redingote boutonnée jusqu'au menton, avec ce soin qui dénote l'habitude de l'uniforme. Un simple petit bout de ruban rouge était noué à sa boutonnière.

Son compagnon, ou plutôt le soldat qui lui servait de domestique, avait, comme son maître, la moustache et l'impériale.

C'était un petit homme noir, maigre, fluet, toujours en mouvement sur sa selle, démangé d'une terrible envie de parler, car il ne rencontrait pas une personne sans s'informer de la distance qu'il y avait à parcourir de l'endroit où il se trouvait jusqu'à la ferme de Lavordan.

Quant à son maître, il paraissait préoccupé d'une pensée triste, et rendait à peine aux paysans le salut que ceux-ci ne manquaient jamais d'adresser à un homme monté sur un beau cheval, et portant un ruban rouge.

Ils arrivèrent enfin à la partie la plus élevée de la colline qu'ils gravissaient. A cet endroit le chemin se trouvait resserré entre un rocher presque perpendiculaire qui le dominait à gauche, et un château à tourelles qui le bordait à droite.

Soit que le maître voulût contempler ce spectacle, soit qu'il voulût laisser reposer son cheval, il s'arrêta et jeta sur le paysage qui s'ouvrait devant lui un regard curieux et presque menaçant.

Puis un sourire amer glissa sur ses lèvres, et il allait continuer sa route lorsqu'une voix joyeuse se fit tout-à-coup entendre au-dessus de sa tête.

Elle partait du vieux château placé à sa droite.

En effet, pendant que nos voyageurs gravissaient la montée, un jeune homme se promenait sur une espèce de terrasse qui joignait les deux principales tours de ce quadrangulaire. Il était en robe de chambre de brocard, portait une espèce de calotte grecque magnifiquement brodée, et fumait un cigare.

Ce passage était la clé de la vallée qu'ils venaient de parcourir et d'une seconde vallée qui se déploya dans toute sa magnificence aux yeux des voyageurs.

C'était aussi un homme de vingt-huit à trente ans, d'un charmant visage, d'une taille parfaite, d'une élégance affectée, mais qui allait à merveille à son air presque féminin : il était brun et d'une pâleur délicieuse.

En allant et venant sur la terrasse, il avait aperçu de loin les deux cavaliers, mais il n'y avait pas d'abord fait grande attention, tant il paraissait lui-même absorbé par une préoccupation inquiète.

Cependant, la tournure des arrivants l'ayant probablement frappé, il était entré dans une des tours qui étaient à chaque bout de la terrasse... Il y avait pris une longue-vue et avait examiné les deux cavaliers.

A l'étonnement qui se peignit sur son visage, il était facile de comprendre qu'il les avait reconnus, mais qu'il ne s'expliquait pas le motif de leur arrivée.

Il reprit son cigare et sa promenade, et attendit que les deux cavaliers fussent arrivés à l'espèce de détroit dont nous avons parlé; alors, il s'accouda sur le mur de la terrasse et se mit à crier de toutes les forces d'une voix douce et sonore :

— Eh ! colonel...

Le cavalier n'entendit pas.

— Eh ! mon brave Thomas Rien ?...

Celui qu'on appelait ainsi leva la tête pour voir d'où partait cette voix.

— Par ici, mon lion du désert, reprit le jeune homme.

— Monsieur de Brias, je crois ?... dit le colonel.

— Moi-même...

« Que diable venez-vous faire dans ce pays perdu, dans ce sauvage Morvan ?...

— Vous dites ?...

— Tenez, reprit monsieur de Brias, sortez de ce coupe-gorge, tournez à droite, et à quarante pas vous trouverez la grille Louis XV qui a remplacé la herse de ce gothique manoir, on vous ouvrira sans qu'il soit nécessaire que vous sonniez du cor...

« Aly-Muley, car je reconnais votre fidèle spahis, mettra à l'écurie Mogador et Penny, car je reconnais aussi vos deux illustres coursiers, et si vous n'avez pas un engagement de plaisir ou d'affaires, si vous ne venez pas chercher ici une maîtresse ou un héritage, nous mangerons ensemble un bout de hure de sanglier, arrosée d'un vieux madère que j'ai gagné à Gibraltar à un gentleman, qui prétendait que les Français ne visaient pas juste, et à qui j'ai parié deux cents bouteilles de cet excellent vin que je lui casserais le bras gauche à cinquante pas, ce que j'ai fait.

Le colonel écoutait le jeune homme en souriant amicalement.

— Vous dites à droite... une grille Louis XV... très bien.

Il lança rapidement son cheval et arriva en un instant à la grille; il sauta à terre pendant que Aly-Muley lui disait avec un accent gascon très prononcé.

— Déjeûnons-nous ici?

— Oui, lui dit le colonel, mais on ne s'y grise pas.

— On ne se grisera pas, répondit Aly.

Un moment après, le colonel Thomas Rien était près de son hôte, sur une autre terrasse qui dominait la vallée où il allait entrer, lorsqu'il avait été arrêté par la voix de Brias.

— Je n'en voulais pas croire ma fidèle longue-vue, dit Brias au colonel. « Je vous savais à Paris, mais je ne me serais jamais douté que n'ayant qu'un mois à passer en France, vous viendriez en perdre la plus petite partie dans cet abominable pays.

— Magnifique, lui dit le colonel. Ces collines hérissées de bois et semées de belles habitations, cette petite rivière toute coupée de chaussées et qui coule dans la vallée, ces élégants moulins perdus dans le pâle feuillage des saules, ces vastes et fraîches prairies dessinées par leurs vertes allées de peupliers, forment un spectacle qui repose agréablement les yeux d'un soldat qui, depuis près de quinze ans, n'a vu que le ciel brûlant et les campagnes desséchées de l'Algérie...

— A votre aise, colonel. Mais je suis meilleur diplomate que vous n'êtes bon soldat. Je hais les sites de ma patrie, attendu qu'ils me disent trop...

— Que vous êtes sans emploi...

— Précisément...

— J'ai entendu parler de cela à Paris...

— Et qu'en dit-on ?..

— On dit que vous avez des dettes...

— Tout se sait. Et puis ?

— Que le ministre vous *supplie* de mettre ordre à vos affaires.

— Il raconte donc tout, le ministre : en ce cas, je n'ai plus rien à vous apprendre sur les causes de mon séjour ici.

« Et maintenant, colonel, si vous voulez, nous nous mettrons à table dans cette tourelle.

— Ne pouvez-vous nous faire servir sur cette terrasse ?

— Très bien. Vous y jouirez tout à votre aise de cette stupide verdure nationale. Et moi, en vous regardant, je me croirai au bivouac de l'Isly.

« Vous êtes magnifiquement teinté, colonel ; vous avez dû avoir un succès fou à Paris.

— Le maréchal Soult m'a bien reçu, et le roi m'a témoigné sa satisfaction de la façon la plus bienveillante.

— Bien ! très bien ! dit Brias, en servant le colonel, toujours le même homme, mystérieux et impénétrable. Il en résulte que je retire la question que je vous ai adressée du haut de cette muraille, et par laquelle je vous demandais ce que vous veniez faire dans ce pays maudit.

— Je suis tout prêt à vous le dire. Mais avant de vous répondre catégoriquement, je désirerais d'abord avoir quelques renseignements...

— Habitude militaire ; vous ne voulez pas vous engager avant d'avoir consulté la carte du pays.

« Eh bien ! mon cher Thomas Rien, je vais vous faire la description historique, topographique et psychologique de cette contrée. Nous sommes admirablement situés pour cela.

« Si vous n'avez pas d'assez bons yeux pour me suivre, voici ma longue-vue qui vous aidera à reconnaître les positions ; voulez-vous que je commence ou préférez-vous m'interroger ?

— Je vous écoute.

Brias reprit en se tournant du côté de la vallée qui s'étendait à leurs pieds.

— Eh bien ! donc. Voyez-vous à

droite, là bas, sur le revers de la colline qui nous fait face, ce château avec ses pignons aigus, ses girouettes, son colombier, et cette vaste pièce d'eau encadrée de marbre ; vous ne la voyez pas, mais elle y est.

— Je vois les pignons et le colombier.

— Eh bien! c'est là le séjour de monsieur le vicomte Hector de Montaleu.

— Ah! dit le colonel que ce nom parut frapper.

— C'est le fils du frère cadet de monsieur le marquis de Montaleu, pair de France, président du conseil-général de la Nièvre, dont je vous montrerai tout-à-l'heure la demeure.

— Cet Hector de Montaleu, quel est-il?

— Cinq pieds huit pouces, blond ardent, front bas, fort comme feu le maréchal de Saxe, buvant comme un trou fait dans le sable, mangeant comme un clerc invité à la table de son patron, chasseur terrible, bête pour vous et pour moi, mais très spirituel pour les paysans qu'il attrape toujours dans les marchés qu'il fait avec eux.

« Il a quelque trente-cinq ans, et a fait d'excellentes humanités au collége de Juilly. On le soupçonne capable de tuer d'un coup de poing un homme qui gênerait ses projets.

— Il est sans doute très bien avec son oncle le pair de France...

— Interrogez-vous, ou écoutez-vous?

— J'écoute.

— A la bonne heure! Continuons et suivons la colline qui nous fait face.

« Regardez, je vous prie, cette immense construction dont les pieds sont perdus dans des nuées de jasmins, de clématites, de glycinées, et dont les vastes fenêtres, encadrées de brique, nous regardent d'un air si curieux.

— Ah! dit le colonel en prenant la longue-vue, quelle est cette maison?

— Ce castel, voulez-vous dire... C'est là qu'habite depuis tantôt deux siècles la famille de Rudesgens.

« Monsieur Annibal-César de Rudesgens a été page de Louis XVI, puis émigré, puis capitaine dans l'armée de Condé, puis colonel au service de l'Autriche, puis enfin, en 1813, marié à mademoiselle Van

Marken, fille du fournisseur de ce nom, lequel, si vous avez quelque bon souvenir des histoires de ce temps, est mort dans un cul de basse-fosse, à Cologne, sans que le grand Napoléon pût lui faire rendre la moindre parcelle des millions qu'il avait volés.

« Il en résulta que la belle Arthémise Van Marken apporta à son séducteur, car il y eut séduction, une dot de quatre millions, avec laquelle monsieur le marquis de Rudesgens racheta le château de ses pères, et devint l'un des plus riches propriétaires des environs.

« Or, dans quelques jours il y a fête au château, et comme je me propose de vous présenter, je dois vous dire à qui vous aurez affaire.

« Le vieux marquis est une espèce de nain qui raconte qu'il a été fait à peindre, qu'il dansait à ravir, qu'il tirait l'épée comme Saint-Georges, et qu'il séduisait comme Lauzun.

« A l'en croire, il lui reste beaucoup de toutes ces qualités, ce qui fait naître de la part de madame de Rudesgens des scènes de jalousie tout-à-fait grotesques.

« C'est une grande Allemande, longue, plate, sèche, busquée, avec des yeux amoureux, et quarante-cinq ans de jeunesse perdus dans les chagrins que lui ont causés les infidélités de son mari, et femme à les rattraper si quelqu'un voulait s'accrocher à ses minauderies osseuses.

— Et c'est à la fête que doivent donner ces deux vénérables débris d'un siècle passé que vous voulez me conduire?

— C'est qu'à côté de ces deux meubles gothiques il y a, dans le château, la fille et le gendre de monsieur de Rudesgens, monsieur et madame de Champmortain.

— Ah! il y a une jeune femme?

— Belle comme les anges, spirituelle, même avant de naître, car elle a pris à monsieur son père tout ce qu'il prétend avoir eu de bonne grâce, de tournure, d'esprit et de séduction, et à sa mère tout ce qu'elle n'avoue pas avoir eu de passion, de volonté et de résolution, et cela en leur laissant leurs ridicules.

— C'est à ce qu'il paraît, une femme accomplie.

— Hélas! non...

« Elle a des principes d'une rigueur inattaquable et une teinte de dévotion exaltée qui permettent à Champmortain de se livrer à toutes les extravagantes aventures, où il passe sa vie, sans aucun risque pour son honneur, et sans que sa femme même y voie la moindre chose. Hors son livre de messe, elle ne regarde ni rien ni personne.

—N'est-ce pas une femme blonde?

— Oui.

— Coiffée avec de longs cheveux à la Louis XIV?

— Oui.

— Eh bien! mon cher Brias, si

elle ne regarde pas ce qui se passe chez elle, elle regarde volontiers ce qui se fait chez les autres, et si la longue-vue dont elle se servait tout-à-l'heure est aussi bonne que la vôtre, elle doit nous voir déjeûner...

— Vous croyez, dit Brias d'un air troublé...

— Voyez vous-même... Car à l'œil nu... il me semble que j'aperçois encore une femme à la fenêtre qui fait l'angle...

— C'est possible, dit Brias, elle épie peut-être le retour de son mari qui, sous prétexte qu'il s'égare à la chasse dans les bois, ne rentre pas toujours exactement.

Le colonel s'inclina et venant en aide à l'embarras de son hôte, il lui dit:

— Monsieur de Champmortain n'est donc pas aussi épris qu'il le faudrait des charmes de madame de Champmortain?

— Le comte, reprit Brias, arrivé à l'âge où l'embonpoint empâte les allures galantes, le comte, dis-je, s'est marié pour rompre tout-à-fait, avec ses habitudes de jockey-club, de l'Opéra, du café de Paris, etc.

« Il a tenu bon trois ans. Mais

un beau jour, il y a de cela deux ans à peu près, il a rencontré une certaine madame Victor Amab...

— Victor Amab! dit le colonel avec une légère émotion dans la voix; vous m'avez, ce me semble, parlé de cela en Afrique: c'est un peintre qui a épousé une certaine madame de Cambure.

— Précisément, c'est elle, regardez toujours sur la colline en face, mais tout là-bas, à gauche: voyez ce château renaissance avec ses toits de plomb: c'est là que demeurent monsieur et madame Victor Amab.

« C'est l'ancien château des Monrion qui a passé aux mains de ladite dame par suite de...

— Vous m'avez raconté tout cela en Afrique, dit le colonel froidement ; vous m'avez appris aussi le singulier mariage *in extremis* du dernier Monrion, avec la fille d'un marchand de vaisselle, une petite niaise...

— Silence, colonel, ou bien je me fâche.

« Respect, amour, admiration à la plus parfaite beauté, à l'esprit le plus exquis, à l'élégance la plus achevée, à la grace la plus séduisante, à la vertu la plus pure, à tout ce qui est charmant et divin à la fois... à la comtesse Julie de Monrion.

Le colonel fronça les sourcils et reprit cependant d'une voix assez calme :

— C'est donc un miracle que cette femme?

— Et d'abord sa position tient du miracle.

Elle est veuve, et si vous vous rappelez bien l'histoire que je vous ai racontée, elle pourrait marcher à un second *hyménée* avec la couronne virginale qu'elle portait au premier. C'est donc une jeune fille ingénue avec un titre, un rang, une liberté qui, presque toujours, supposent une expérience qu'elle n'a pas.

« Oh! colonel, si vous la voyiez dans le salon du vieux marquis de Montaleu faire les honneurs de la maison avec cette aisance supérieure, cette autorité bienveillante, ce goût parfait qui ne semblent appartenir qu'à une femme que rien ne doit surprendre; et si vous voyiez en même temps ses étonnements; son embarras, à certaines questions; si vous voyiez cet esprit de jeune fille, ce corps de jeune fille, ce regard de jeune fille, portant légèrement son nom et son titre, portant mieux encore l'éclatante parure de la plus grande dame, devinant, sans souvent les comprendre, les petits secrets qui s'agitent autour d'elle...

« Ah ! colonel... je ne puis pas bien vous dire cela, mais c'est d'un charme si particulier, si original...

— Elle est donc ici avec le marquis de Montaleu ?

— Depuis un mois.

— Et sans doute elle a amené avec elle quelqu'un de son honorable famille...

— Ce qui la rend une merveille accomplie, colonel, c'est que, pendant que je vous racontais son histoire, il y a de cela près de trois ans, son père et sa mère périssaient dans cette épouvantable catastrophe du chemin de fer de Versailles. Elle est orpheline.

« C'est alors que M. de Montalent l'a prise avec lui. Il en raffolle, et il a raison ; mais il ne veut pas entendre parler du second hyménée...

« Voici la seconde fois qu'il l'amène dans ce pays, et c'est, je le pense, pour la soustraire aux séductions qui l'entouraient à Paris ; car il en est jaloux comme un avare de son trésor.

— Et ce trésor, mon cher Frédéric de Brias, n'est-il pas pour quelque chose dans votre exil ici ?

Le jeune diplomate poussa un gros soupir.

— Vous êtes homme d'honneur, colonel, et je puis vous dire que j'avais espéré pouvoir suivre les bons avis du ministre et arranger ici mes affaires. La comtesse a hérité d'une fortune personnelle de vingt-cinq mille livres de rente ; les débris de l'ancienne splendeur de Monrion lui en ont donné à peu près autant, ce qui la constitue déjà un excellent parti ; mais elle héritera du vieux Montaleu, j'en suis sûr...

— Vous croyez? dit le colonel en souriant amèrement.

— Ce qui en fait une conquête à être enviée par un prince. Montaleu a plus de trois cent mille livres de rente.

— Mais il a aussi son neveu Hector de Montaleu.

— Lequel, s'il savait que son oncle a fait un testament en faveur de la comtesse, serait capable d'étrangler la pauvre enfant pour annuler l'autre; et, d'un autre côté, s'il était sûr qu'il n'y a aucun testament de fait, serait encore capable d'ouvrir ses droits à la succession du marquis par quelque coup de fusil égaré...

— Impossible, dit le colonel.

— Je vous assure que c'est une sorte d'animal sauvage qui n'a pas assez de cœur pour craindre Dieu, et pas assez d'esprit pour avoir peur du procureur du roi.... C'est une brute enragée... bridée jusqu'à présent par son incertitude.

— Et que fait-il?

— Ce qu'il fait! ne s'est-il pas imaginé qu'il pourrait obtenir l'héritage en obtenant l'héritière!

— Il est donc amoureux?

— Ne profanez pas ce mot, colonel...

« Monsieur Hector de Montaleu n'avait guère élevé ses désirs au-dessus des charmes de quelque belle fille de basse-cour, jusqu'au jour où il est parvenu à égarer la tête de la pauvre jeune femme d'un fermier dont vous pouvez voir la maison dans le fond de la vallée, au pied du château d'Hector de Montaleu.

— Et quelle est cette femme ?

— Ceci est un roman, colonel...

« Une jeune fille à idées folles, exaltées, qui, après avoir été élève du Conservatoire, s'est imaginé qu'elle accepterait aisément la vie d'une riche fermière. Elle a quitté ses succès de salon, ses joyeuses espérances d'artiste, ses rêveries de gloire pour la vie champêtre.

« Or, colonel, vous savez ce que peut être la vie champêtre dans la Nièvre.

« Une basse-cour pleine de fumier

où grouillent tous les animaux immondes d'une bonne exploitation. Une habitation parquetée en terre battue, la nécessité de porter des sabots pour pouvoir sortir, le soin de la volaille, l'aspect des valets de charrue, le bêlement de moutons crasseux, la conversation de paysans brutaux et envieux, les soirées d'hiver dans la solitude, le salon dans la cheminée de la cuisine, le jambon pendu au manteau; le lard cuisant dans la marmite. Tout cela a bien vite désenchanté la belle Léda.

« C'est alors qu'elle a rencontré ce farouche Hector... ce Nemrod à piston...

« Si brute qu'il soit, il a encore une sorte de langage, une sorte de tournure, une sorte de manière, qui, dans son abandon, ont permis à Léda (car elle s'appelle Léda) d'en faire un héros à la Mauprat.... et notre Parisienne a eu son Hector, juste au moment où elle perdait les vertus d'Andromaque.

—Cela doit vous rassurer du moins sur les entreprises de votre rival.

— Ah ! pardieu ce n'est pas lui qui

me gêne, et sans l'arrivée de Champmortain...

—Champmortain, un homme marié, dit le colonel en observant Brias.

—C'est qu'il est bavard en diable, dit Fréderic embarrassé.

—Et Madame de Champmortain est curieuse, et se sert admirablement des longues-vues.

—Colonel, je vous jure sur l'honneur...

— Pardonnez-moi cette plaisanterie... Je ne veux pas savoir les obstacles qui s'opposent à vos poursuites amoureuses... A moins qu'elles ne se trouvent dans ce château là-bas, à droite, sur la colline même où nous sommes.

— Là, dit Brias en haussant les épaules... Non. C'est le château de Montéclain.

— Du marquis de Montéclain, dit le colonel, celui qui a suivi en amateur, il y a quelques dix ans, la campagne de Constantine ?

— Lui-même. Vous le connaissez ?

— Il a été blessé près de moi après m'avoir rendu le service de me débarrasser d'un Arabe qui me tenait au bout de son pistolet......

« Et qu'est-il devenu depuis ce temps?

— Rien... il a fait comme avant: il a entretenu des actrices, donné des fêtes, fait courir des chevaux, introduit le lansquenet, couru les eaux, enlevé deux ambassadrices, tué trois ou quatre hommes en duel, et avec toutes ces excellentes recommandations, il s'est présenté à la députation l'année dernière.

« Monsieur de Montaleu a été indigné, et dans une séance préparatoire, il a impitoyablement raconté l'histoire des rares mérites de monsieur Arthur de Montéclain, et l'a fait repousser à tout jamais. Or donc ils sont ennemis mortels.

— Il a, je crois, d'immenses propriétés dans ce pays?...

— Oui.

-- Il y demeure?

— Non.

— Et qu'est-il venu y faire?

— Rien, car il a été de même repoussé aux élections du conseil-général, toujours grâce au vieux marquis.

« Pour le moment, il chasse en forêt avec Hector et son fermier Bricord, un autre Nemrod de la force du jeune et terrible Montaleu.

— Ah ! dit le colonel en attachant un regard curieux sur monsieur de Brias ; et quel est ce Bricord ?

— Eh ! pardieu ! le fermier, le mari de cette Léda parisienne.

— En vérité, dit le colonel d'une

voix altérée, ce malheureux Bricord est la victime de ce goujat de Montaleu.

— Le connaissez-vous aussi? dit Brias, interdit de l'accent de colère et de menace avec lequel le colonel avait prononcé ces dernières paroles.

— C'est chez lui que je vais, Brias, et je jure Dieu que je ne laisserai pas ce brave garçon rester plus longtemps la dupe d'une femme indigne et d'un manant!

— Colonel, colonel, colonel, dit

Brias en élevant la voix, je vous ai offert l'hospitalité, vous l'avez acceptée, vous avez voulu des renseignements sur le pays, je vous en ai donné, pour que vous en fissiez votre profit ; mais tout ce qui a été dit ici doit y mourir... sans cela, colonel...

— Vous vous couperez la gorge avec moi, n'est-ce pas, Brias ?

— Oui.

— C'est étonnant que vous qui êtes diplomate vous ayez un goût si prononcé pour les moyens extrêmes.

— C'est encore ma faute si je suis obligé d'y recourir cette fois. Cela tient à mon trop de confiance. Si j'étais resté fermé, muré, cadenassé comme vous, je ne serais pas obligé de vous demander votre discrétion à la pointe de l'épée.

— Etes-vous sûr que ce soit un bon moyen de l'obtenir?...

— J'en doute, vous êtes brave et adroit. Mais si je vous tue, je suis sûr que vous ne parlerez pas;

si vous me tuez, personne ne pourra m'en vouloir d'une indiscrétion que j'aurai payée de ma vie.

— Eh bien ! Brias... je me tairai... Mais êtes-vous bien sûr de ce que vous dites ?

— Ma foi, c'est ce butor d'Hector qui me l'a conté. Mais vous, quel intérêt si pressant prenez-vous donc à ce Bricord, pour vouloir lui dire cette désagréable vérité ?...

Le colonel se tut.

— Or çà, mon hôte, dit Brias avec gaîté, savez-vous que vous êtes ici dans le château de mes ancêtres; savez-vous que du haut de ces murailles d'où je vous ai invité à déjeûner, l'un de mes nobles aïeux n'eût pas manqué de vous interdire le passage, jusqu'à ce que vous eussiez répondu à ses questions, si même on ne vous eût fait payer le droit d'entrer dans cette vallée, dont je viens de vous dévoiler les mystères... si même encore on ne vous eût dévalisé, tandis que je vous héberge.

« Ah! c'était le bon temps : cela valait la peine d'être noble et d'avoir un château-fort; on pillait, on volait, on ne payait pas ses dettes, et l'on mettait à la torture les gens qui ne voulaient pas parler...

— Vous n'aurez pas besoin d'en arriver là pour apprendre ce que vous désirez savoir... Je viens voir Bricord...

— Vous? Eh! qu'y a-t-il de commun entre vous et ce brave paysan?

— Savez-vous mon histoire, Brias.

— Oui, je sais que vous êtes

arrivé à quinze ans en Afrique, vers 1830; que vous y êtes entré comme trompette dans un régiment de chasseurs; qu'à dix-huit ans vous étiez maréchal-des-logis, à dix-neuf ans décoré, à vingt ans sous-lieutenant, à vingt-quatre ans capitaine et officier de la Légion-d'Honneur, et que maintenant vous êtes commandeur et colonel à trente ans.

« Je crois et je sais que vous êtes de ceux dont on fait des généraux et des maréchaux.

— Je l'espère, dit froidement le colonel; mais vous ne savez pas que cette brillante fortune a été trois fois sur le point d'être interrompue.

« Une première fois à Mascara, où j'étais tombé sous deux coups de feu, au milieu d'un groupe d'Arabes qui s'apprêtaient à me couper la tête, lorsqu'un brave soldat les chargea seul, me dégagea et m'emporta à l'ambulance.

« La seconde fois, c'était à la retraite de Constantine. Nous n'avions plus de chevaux, et j'avais à la jambe une blessure qui m'empêchait de marcher. Ce même soldat me prit sur ses épaules et me porta durant sept heures, ce qui ne l'empêchait pas de se battre, vu que nous étions tout-à-fait à l'arrière-garde; seulement je lui déchirais ses cartouches, parce qu'il avait eu la mâchoire fracassée par une balle. Ce soldat, Brias, c'était Bricord.

« La troisième fois, je vous l'ai dit, c'est Montéclain qui me sauva.

— De par tous les diables! dit Brias, ce Bricord est un galant homme, et la première fois que je rencontre ce rustre de Montaleu, je lui cherche querelle, et je le tue comme un louvard.

— Croyez-vous que ce soit un bon moyen d'arranger vos affaires vis-à-vis du ministre?

— Au diable le ministre, et surtout mes dettes; mais, dites-moi, sir Thomas Rien... comment se fait-il qu'avec de pareilles dispositions ce Bricord ait quitté le service pour venir... Hélas! hélas!

— A mon tour, je vais vous dire

un secret que je confie à votre honneur.

« Ce garçon si brave, si intelligent, qui, je le sais, gère admirablement sa ferme, et qui a plus de bon sens à lui tout seul que vous et moi... ce pauvre garçon n'a jamais pu apprendre ni à lire ni à écrire.

« Je l'ai prié, je lui ai ordonné, je lui ai montré l'exemple de ses camarades, le mien ; mais impossible d'y parvenir. Il y avait entre cette intelligence et la plus vulgaire instruction une barrière insurmontable. Il a voulu en essayer... il a failli devenir fou...

« Alors, voyant qu'il n'arriverait jamais à rien, il a quitté le service, et c'est à ma recommandation que Montéclain l'a mis à la tête de l'une de ses fermes.

— Vous n'avez pas vu Montéclain à Paris?

— Non, on m'a dit à son hôtel qu'il était à Londres.

— C'est possible; car il n'est arrivé que depuis quinze jours. Mais ce qui me semble étourdissant, c'est que votre Bricord, avec sa primitive ignorance, se soit amouraché d'une drôlesse qui ne rêvait que romans et poésies.

— C'est qu'il adore précisément ces dieux inconnus qu'il ne peut aborder; c'est qu'il est tellement honteux de son ignorance qu'il est capable de ne pas l'avoir avouée à sa femme; c'est que Montéclain ne la connaît pas, et que le brave homme ne me pardonnerait pas de vous l'avoir révélée.

— Il lui a pourtant fallu signer son acte de mariage...

— Pour cela il a pu le faire ; je lui ai enseigné à écrire son nom ; j'y ai mis deux mois de patience. Il l'écrit, mais il serait incapable de le lire.

— C'est singulier, dit Brias d'un ton insoucieux. Et vous venez en passant faire une visite à votre sauveur ?

— En me quittant, il m'a fait promettre que si je me trouvais jamais dans ce pays, j'irais le voir. Je suis venu exprès pour tenir ma promesse.

— Sans autre but? dit Brias en examinant le colonel.

— Sans autre but, répondit froidement celui-ci.

— Vous attend-on chez Bricord?

— Non...

— Eh bien! je dîne aujourd'hui chez madame Amab; Montéclain y sera... Probablement, Champmortain y viendra et peut-être même le sanglier Montaleu.

« Voulez-vous que je vous présente?

— A l'improviste ?

— Un homme comme vous, colonel ! on me remerciera ; vous n'êtes pas seulement le lion du désert, mais encore le lion de l'année, c'est-à-dire l'homme à la mode.

« Venez, et je vous devrai de pouvoir baiser les belles mains de la belle Léona.

Le colonel accepta.

Un homme d'un caractère moins léger que celui de Brias se fût étonné de ce consentement de la part d'un homme aussi retenu que le colonel, surtout s'il eût remarqué le sourire railleur qui lui échappa.

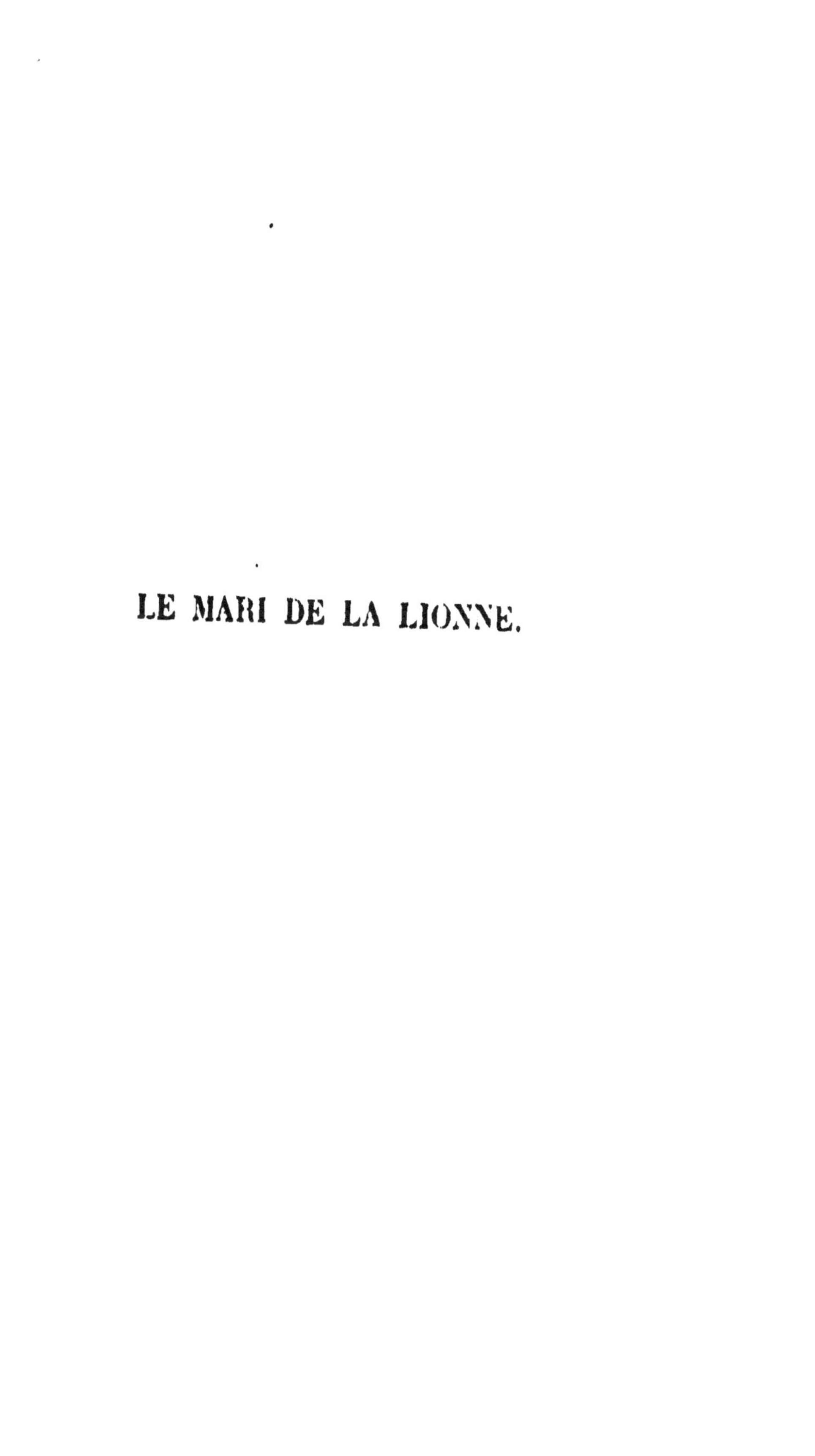

LE MARI DE LA LIONNE.

II.

Entrons maintenant dans le château de style renaissance que Brias avait désigné au colonel Thomas

Rien comme étant la demeure de madame Léona Amab.

Franchissons une grille magnifique, suivons une large allée d'ormes, arrivons à un château couvert des plus capricieuses sculptures, conservées ou restaurées avec un soin qui donnait à ce vieux bâtiment l'apparence d'une œuvre sortie la veille du ciseau du sculpteur, quoiqu'il eût conservé cette brune couleur qui est la touche souveraine que le temps, ce grand artiste, donne seul aux monuments.

Montons les degrés de marbre

d'un riche perron, traversons un vaste vestibule à plafond cintré, et entrons dans une splendide salle à manger, ornée de riches dressoirs couverts du superbes argenteries.

La table étaient servie, deux couverts étaient placés en face l'un de l'autre.

Victor Amab était seul et se promenait d'un air soucieux, pendant qu'un grand laquais en costume du matin allait et venait en continuant à préparer le service.

Victor Amab n'était déjà plus le

jeune homme ambitieux et fier qui avait commencé sa carrière d'une façon si éclatante.

Quelques années avaient suffi à jeter sur son front, devenu presque chauve, les traces d'une pensée dévorante. Des rides prématurées disaient que le chagrin avait éprouvé sa jeunesse, et quelque chose de sombre et d'inquiet perçait dans son regard, et montrait que la confiance avait disparu de son âme.

Après s'être ainsi promené pendant quelques minutes, il s'adressa au domestique.

— François, lui dit-il, a-t-on averti Madame que le déjeûner était servi ?

— On a sonné le déjeûner, et Madame ne veut pas qu'on l'avertisse autrement...

Amab poussa un profond soupir.

C'eût été beaucoup pour une si légère attente, mais il y avait dans ce soupir tout un arriéré de griefs et de colères longtemps amassés.

Cependant, il continua sa promenade, et finit par s'arrêter à la porte ouverte sur le parc.

Il se trouvait en face du château de monsieur de Montaleu. Ses yeux semblèrent d'abord l'éviter; mais enfin ramené comme par un attrait invincible vers cette demeure, son regard y demeura fixé. Que de regrets, que de réflexions désolées dans ce regard attaché sur cette maison lointaine!

« Là, disait ce regard mélancolique, habite la grâce, l'innocence,

« le calme, la bienveillance, le
« dévouement et toutes ces aima-
« bles vertus que j'ai méconnues...
« Ici au contraire... »

Amab eut peur du retour qu'il faisait sur sa propre maison et se détourna brusquement.

Peu d'hommes ont le courage de regarder en face le malheur qu'ils se sont fait. Mais ce malheur devait lui revenir par mille petits traits insupportables.

En effet, il vit le domestique qui le considérait en ricanant.

— Les journaux et les lettres doivent être arrivés, fit Amab d'un ton sec, allez me les chercher.

— On les a montés chez Madame.

— C'est bien, dit Amab avec humeur, allez.

Le domestique sortit, et Amab laissa échapper un murmure sourd, mais terrible.

Ses mains crispées se fermèrent avec violence.

Il reprit sa promenade, mais elle fut plus agitée, plus active.

Quelques minutes se passèrent encore, le domestique reparut, prit l'un des couverts, le posa sur un plateau avec tout ce qu'il fallait pour un autre service.

— Que faites-vous là ? demanda Amab.

— Madame déjeûne chez elle, répondit le laquais en emportant le tout.

La patience d'Amab était à bout.

Il sonna avec fureur, mais on ne vint pas ; il sonna de nouveau, on ne vint pas encore; enfin, il se pendit à la sonnette.

Le domestique arriva de cet air insolent que prend tout laquais qui a une bonne raison à donner à celui qui va le gronder.

— Ne m'entendez-vous pas? lui dit Amab avec colère:

— Je portais le déjeûner de Madame... je ne puis pas être en haut et en bas.

— Où est Louis?

— Madame l'a envoyé en commission ; voilà une heure qu'il est parti à cheval.

— Où est Pierre ?

— Madame l'a donné toute la journée au jardinier pour l'aider à faire les corbeilles des salons.

— Servez-moi.

— Madame vient de me dire d'aller jusqu'à la ferme de Bricord, pour lui marchander le petit poney qu'il a élevé.

— C'est l'affaire du cocher.

— Madame sort en forêt après déjeûner, et le cocher n'a pas le temps.

— Cela devient plaisant ! dit Amab en serrant les dents. Sortez.

Il se mit à table, mangea à peine en se servant lui-même ; puis, lorsqu'il eut achevé, il quitta la salle à manger et prit le grand escalier d'un air résolu.

Arrivé au premier, en face de l'appartement de Léona, il parut vouloir entrer, mais il s'arrêta à l'instant; il hésita, et, soit faiblesse , soit appréhension de la colère qui l'agitait, il monta jusqu'au second et entra dans un vaste atelier, où il se jeta sur un divan.

Une fois seul, Amab laissa un libre cours à la fureur qu'il avait contenue à grand'peine. De sourdes exclamations s'échappaient de sa poitrine.

— Oh! misérable! misérable! s'écria-t-il enfin en pressant sa tête avec désespoir. Il faut que cela finisse, il le faut!

Pour la vingtième fois, Amab se mettait ainsi en face d'une grande résolution; la vie qu'on lui faisait lui était insupportable, et il voulait enfin en changer.

Au moment où il prononçait ce mot : *Il le faut!* la porte de son atelier s'ouvrit, et Léona parut dans la plus élégante parure, toujours belle, toujours jeune et fière, imposante, magnifique.

Elle tenait à la main les journaux et les lettres du jour.

— En vérité, Victor, lui dit-elle en entrant de l'air le plus gracieux, vous n'êtes guère aimable; on se mourrait chez soi, que vous ne daigneriez pas descendre ou monter quelques marches pour venir vous informer des nouvelles de ceux qui souffrent.

— Vous me permettrez, Léona, reprit Victor amèrement, de ne pas accepter ce reproche; vous m'avez assez souvent averti que l'entrée de votre appartement m'était interdite, jusqu'au moment où il vous plaisait d'en sortir.

— Comment, Monsieur, dit Léona tristement, une discussion pour un reproche qu'autrefois vous eussiez trouvé aimable? Vous avez de l'humeur, je me retire.

— Pas encore, repartit Amab vivement; nous avons à parler sérieusement ensemble.

— Au fait, reprit Léona, vous m'y faites penser; voici quelques lettres qui vous concernent, et auxquelles je vous prie de vouloir bien répondre.

car je ne suis pas habituée à de pareilles réclamations.

— Quelles sont ces lettres ? dit Amab, qui les reçut des mains de Leona, et qui les lut pendant que celle-ci se promenait dans l'atelier, en examinant quelques esquisses commencées par son mari.

Les lettres qu'Amab parcourut rapidement n'étaient pas de nature à calmer son irritation; c'étaient des demandes d'argent venues de ses fournisseurs de Paris, presque toutes fort sèches, quelques-unes de ce style insolent qui annonce que la patience des marchands a été poussée au-delà de son extrême limite.

Amab les jeta avec humeur sur une table et s'écria :

— Eh bien ! qu'ils saisissent, qu'ils vendent ; j'aime mieux cela que d'être en butte à ces incessantes persécutions.

— Prenez garde ! fit Léona tranquillement, ce sera une esclandre bien fâcheuse pour vous, et dont, pour ma part, je n'accepterai jamais la honte.

— Léona, lui dit Amab, il me semble que vous pourriez me l'épargner. Grâce à votre contrat de mariage, votre fortune particulière est à l'abri de toute poursuite.

— Ne trouvez-vous pas que j'ai bien fait ?

— Je ne blâme pas ce que j'ai accepté, reprit sèchement Amab ; mais enfin, vous pouviez, dans cette circonstance, venir à mon aide ; car, ajouta-t-il avec un tremblement nerveux, et en reprenant les lettres qu'il venait de jeter sur la table, voici un compte du bijoutier, et je ne porte pas de diamants.

— Oui, dit Léona, ce sont ceux que

vous m'avez donnés à ma fête ; la monture en est d'un goût exquis.

— Cet autre compte, reprit Amab, est celui du carrossier ; voilà aussi celui du marchand de chevaux.

« Vous avez désiré avoir une voiture pour votre usage personnel ; j'ai fait ces achats pour vous seulement.

« Enfin, dit Amab avec plus d'humeur, voici un mémoire d'orfèvrerie, qui doit au moins nous concerner tous les deux ?

— C'est possible, fit Léona en prenant le mémoire ; voyons...

Elle lut la lettre et la passa à Amab en lui disant :

— Vous n'avez pas lu jusqu'au bout, ce marchand ne vous réclame pas le montant tout entier de sa fourniture, vous voyez qu'il dit avoir reçu la moitié de la somme qui lui est due, la fourniture a été faite au mois de février de l'année dernière, et dès le mois d'avril j'avais payé la partie de ce mémoire qui me concerne.

Amab poussa un soupir furieux... Léona continua :

— Vous vouliez me parler sérieusement, Victor, et bien, moi aussi, je le voulais; mais en vérité, vous m'avez fait tellement redouter toute explication entre nous par vos colères, que j'hésite même à vous donner de bons avis.

« Croyez-vous que je ne souffre pas cruellement de vous voir marcher ainsi à votre ruine et à la mienne, car si vous me méconnaissez assez pour croire que je vous laisserai dans l'embarras, moi j'estime trop l'honneur du nom dont j'ai fait le mien pour ne pas venir à votre aide.

« Vous manquez d'ordre et de prévoyance.

— Il me semble cependant, dit Amab, que mes dépenses personnelles entrent pour bien peu dans les sommes follesqui sont dévoréesdans cette maison.

— Je ne veux pas m'irriter du ton dont vous me parlez, reprit Léona avec un calme dédaigneux, vous souffrez, et j'ai pitié de ceux qui souffrent. Vous vous plaignez des sommes folles dévorées dans cette maison ; n'a-t-il pas été convenu entre nous que nos dépenses seraient fixées à un chiffre précis : de ce chiffre, j'en prends une part, et vous l'autre ; vous ai-je jamais demandé rien au-delà de ce qui était convenu ; est-ce ma faute, si en dehors de cette dépense fixe, vos caprices vous font semer l'argent avec une imprudence incroyable ?

« Pourquoi ces diamants à ma fête, les ai-je demandés? pourquoi cette voiture lorsque nous en avions déjà une? pourquoi ce service d'argenterie auquel vous teniez tant? c'est que vous avez vu votre camarade L..... donner des diamants à sa femme, cette voiture vous l'avez voulue parce que G..... en a deux ; c'est en revenant de dîner chez l'un de vos amis que vous m'avez tourmentée jusqu'à ce que j'aie consenti à la folle dépense de ce service d'argenterie.

— Eh ! mon Dieu, repartit Amab,

ne m'avez-vous pas vingt fois parlé des diamants de madame L... N'êtes-vous pas rentrée malade d'une course en fiacre, parce que je m'étais, par hasard, servi de votre voiture.

« Enfin, vous avez si amèrement critiqué la mesquinerie de notre service, que j'ai voulu satisfaire à vos désirs, et non pas à mes caprices, comme vous dites. Et la reconnaissance que vous en avez me paie bien des tourments que me donne mon envie de vous plaire.

— Des reproches, fit Léona , je m'y attendais. Mais dites-moi, Monsieur, n'est-il pas tout simple qu'une femme désire tout ce qui peut élever sa position aux yeux du monde ?

— J'ai désiré ce que je voyais à d'autres qui, à mes yeux, ont moins de talent et de valeur que vous. Ce qu'ils faisaient pour leurs femmes, j'ai cru que vous pourriez le faire pour la vôtre, et lorsque je vous voyais me solliciter si vivement de l'accepter, n'ai-je pas dû croire que vous n'alliez pas au-dessus de vos ressources ? Me suis-je trompée ?...

« L'amour, oui, Monsieur, l'amour qui m'a fait vous sacrifier ma liberté, m'aurait-il abusée ?...

« N'avez-vous pas tout le talent que je vous croyais... dois-je reconnaître que vingt artistes dont vous parlez avec dédain ont plus de succès, de popularité, de valeur que vous ?...

« Tout mon cœur se refuse à se l'avouer ; mais enfin, si les preuves arrivent, je m'y soumettrai... il le faudra bien...

Rien ne peut rendre le supplice d'Amab à ces paroles dites du ton le plus doux et le plus sérieux. L'orgueil blessé dans ses fibres les plus sensibles, la conviction profonde qu'on est le jouet d'une astuce supérieure sans qu'on puisse la saisir nulle part, torturaient Amab.

— Vous avez raison, dit-il, les dents serrées. Je n'ai qu'un médiocre talent... un talent qui ne peut suffire aux dépenses d'une maison comme la vôtre.

— Nous la réduirons quand vous voudrez, reprit Léona; mais en attendant, il faut répondre aux gens qui ne sont pas payés.

— Je n'ai point d'argent et je ne sais où en trouver.

— Ces quatre tableaux commencés et qui peuvent être finis en quinze jours si vous y travailliez avec ardeur sont une ressource.

— Ils sont vendus... et s'il faut tout vous dire, j'en ai touché le prix d'avance...

— C'est fâcheux, car je crois que Monsieur de Champmortain vous les eût achetés à un prix qui vous eût vite débarrassé de ces criailleries qui vous empêchent de vous livrer à vos travaux.

— Monsieur de Champmortain, dit Amab d'un ton sombre, il me semble que ce n'est pas là un homme auquel vous puissiez me conseiller d'avoir recours.

— Je conçois votre juste susceptibilité, Monsieur.

« En arrivant dans ce pays, j'ai été faire une visite à madame de Champmortain, et cette visite elle ne me l'a pas rendue.

« Dans quelques jours ils donnent une fête, et tout le monde est invité à dix lieues à la ronde, exceptez vous : c'est une insulte que je dois supporter.

— Et qui ne vous empêche pas de recevoir monsieur de Champmortain.

— Le temps de ma fierté est passé, Victor, je suis votre femme. Je ne veux pas, je ne puis pas vous brouiller avec un homme qui est de ceux qui font et défont les réputations.

« D'ailleurs monsieur de Champmortain est indigné de la conduite de de sa famille à votre égard...

— A mon égard, murmura sourdement Amab qui subissait une exclusion qu'il avait le droit de croire ne pas lui être personnelle. Toujours moi.

Léona n'entendit pas ou ne voulut

pas entendre ce murmure, et continua :

— Il me semble, en tous cas, que pour avoir été polie envers un homme de bonne compagnie, je vous ai mis à même d'éviter des procédures scandaleuses. Monsieur de Champmortain est amoureux de ces tableaux : vendez-les lui.

— Je vous ai déjà dit que le prix m'en a été payé d'avance.

— Avez-vous donc une époque précise pour les livrer à l'acheteur ?

— Oui, dès qu'ils seront finis.

— En ce cas, ils peuvent ne pas l'être d'ici à six mois. Vous en referez d'autres.

— Mais je ne puis les jeter à la tête de monsieur de Champmortain après les lui avoir refusés plusieurs fois.

— Monsieur de Champmortain vient dîner ici aujourd'hui même. Il sera facile de l'amener à vous en parler.

— Comment! monsieur de Champmortain dîne ici... encore aujourd'hui... Mais c'est bien souvent.

— Il ne viendra pas, repartit froidement Léona. Je vais lui écrire qu'une indisposition grave vous empêche de le recevoir.

« J'en écrirai autant à messieurs de Brias, Montaleu et Montéclain; car je suppose que ce n'est pas monsieur de Champmortain que vous vou ez exclure précisément?

— Mon dieu! Léona, je ne veux exclure personne; mais moins d'assiduité de la part de monsieur de Champmortain serait plus convenable.

— Vous êtes jaloux? dit Léona.

Amab ne répondit pas.

— Répondez franchement : êtes-vous jaloux?

— Je ne vous soupçonne pas assurément... ; mais la médisance... peut chercher à présenter des rapports d'amitié sous un jour défavorable.

— Oh mon Dieu ! murmura Léona, en être réduite là ! Déjà les soupçons et bientôt la ruine.

« Il suffit, Monsieur, je ne recevrai personne, je ne sortirai pas, ces promenades qui étaient ma seule consolation, j'y renoncerai... on pourrait croire...

— Mais je ne dis pas cela... fit

Amab avec impatience; je fais une observation, ce n'est pas pour que vous en preniez acte pour vous dire tyrannisée.

— Ai-je prononcé un mot qui ressemble à une plainte?

Amab avait gardé toute sa colère; mais par un singulier hasard ou une admirable adresse, Léona avait mis une barrière à toutes les issues par où elle pouvait s'échapper.

Il resta un moment silencieux, et finit par s'écrier :

— Tenez, Léona, je ne suis pas content.

— Croyez-vous que j'aie la joie au cœur?

— Léona, vous ne m'aimez plus...

— Que ne dites-vous que je ne vous ai jamais aimé?

— C'est peut-être vrai.

— Courage, Monsieur continuez...

— Mais enfin, je souffre, vous le voyez; je suis dans une position fâcheuse, et au lieu de me conseiller, de m'encourager, vous me faites des scènes.

— Monsieur, dit Léona en se levant, quand la raison vous sera revenue, quand vous serez plus calme, je reviendrai.

— Allons ! voilà que je suis fou, à présent... Où allez-vous, Léona ?...

— Chez moi...

— Pourquoi prenez-vous ces lettres ?

— Pour répondre à vos créanciers, pour les calmer, pour obtenir du temps et trouver celui de les payer en engageant quelque propriété.

— Mais je ne le veux pas, dit

Amab confus; je paierai... j'écrirai...

Léona haussa les épaules.

— Certainement, reprit Amab avec hauteur, et le prix de ces tableaux suffit...

— Il vous a été payé.

— Je suivrai le conseil que vous m'avez donné, je les vendrai.

— Où cela?

— A Paris.

— Où ceux qui vous les ont commandés les trouveront peut-être chez celui qui vous les achetera...

Ce serait possible dans ce pays... où ils resteraient enfouis dans le château de l'acquéreur... Mais vous ne voulez plus voir l'homme qui seul pourrait vous sauver.

A ce moment, Amab eut un de ces mots funestes qui disent la honteuse transaction que fait le cœur avec la nécessité.

Il se tourna vers Léona et lui dit :

— Léona, m'aimez-vous ?

— Ah ! Victor, Victor, est-ce à vous à en douter ?

— Quand on aime on a peur...

— Ah ! dit Léona, vous ne m'aimez plus assez pour être jaloux.

— Moi... ! s'écria Amab, oh ! Léona, Léona, tu sais si ma vie est à toi... Est-ce qu'il est possible de ne pas t'aimer... Mais toi... toi...

— Moi, oui, je vous aime... et j'ai grand tort, car vous me soupçonnez...

— Non, non, Léona, je suivrai tes conseils.......

« Je donnerai ces tableaux à monsieur de Champmortain, car vous m'aimez, n'est-ce pas ?... Il vient, eh bien, tant mieux : nous finirons cette affaire aujourd'hui même.

— A la bonne heure, vous voilà raisonnable... et je vais vous tenir compagnie.

— Non... je ne le veux pas.....

« Vous êtes souffrante, allez, faites votre promenade ; je travaillerai avec d'autant plus de courage que je saurai que vous prenez quelque distraction.

— En ce cas, à bientôt.

Léona quitta son mari.

Comme elle allait monter en

voiture, sa fidèle chambrière, la prétendue sourde-muette qui ne l'avait pas quittée, lui présenta une ombrelle.

— Eh bien, le dîner tient-il ?

— Je viens de faire acheter à monsieur de Champmortain ses grandes entrées.

— Pour excuser les petites. Et monsieur est-il toujours furieux ?

Léona eut un sourire de pitié méprisante.

— Non, dit-elle, le pauvre homme n'en peut plus !

Léona avait raison, quelques années lui avaient suffi pour briser cette nature ardente, tenace, vigoureuse.

Elle avait abaissé son ambition des hauteurs de la gloire aux petitesses de la spéculation ; elle avait fatigué son énergie en lui faisant poursuivre comme but la richesse et le repos qu'il ne devait jamais atteindre, car, grâce au luxe de la maison, le besoin renaissait après les efforts les plus persévérants.

Elle avait fait pis, elle avait usé la probité de l'artiste dans cette lutte incessante, elle l'avait poussé au milieu d'un dédale d'affaires douteuses qu'on pardonne quelquefois au talent, mais qui entraînent à leur suite les tracas, les soucis et surtout le mécontentement de soi-même; elle avait tout fatigué, tout flétri, dans son esprit et dans son cœur.

Une seule chose avait survécu, chez Amab, à cette dégradation insensible... c'était cet amour du beau qui était tout son génie.

Mais ce culte, il avait fallu y renoncer, car Amab n'avait pas eu le courage de chasser les vendeurs du temple; il voyait avec désespoir s'émietter son talent en productions qu'il n'estimait pas, alors même qu'on les lui payait richement.

Au lieu d'être un de ces hommes sur lesquels tout un pays a les yeux fixés, dans l'attente d'une de ses œuvres, il était un de ces artistes à la mode, qui sont cotés à haut prix, mais dont on brocante la réputation. Ainsi, le seul sentiment qui lui restât de cette forte nature d'artiste, était pour lui un malheur et presqu'un remords.

Il resta seul à travailler; mais cette apparente réconciliation n'avait pas redonné au cœur cette énergie qu'il puise dans une nouvelle confiance.

Amab n'avait pas dit tout ce qui murmurait en lui de colère, de soupçons, de désespoir. Parmi les douleurs dont il souffrait le plus cruellement, était l'exclusion dont il avait été frappé à son arrivée dans ce pays.

Il ne doutait pas que monsieur de Montaleu n'en fût l'auteur, mais il n'avait plus assez d'énergie pour lui en demander compte, et il subissait avec une colère impuissante la déconsidération qu'avait jetée sur lui son mariage avec une femme trop célèbre, sans savoir qu'il y a des hommes dont le nom peut couvrir toutes les fautes passées d'une femme quand ils savent la forcer à être digne de ce nom.

DEUX MÉNAGES AU CHATEAU.

III.

C'était dans un salon à boiseries vert d'eau, avec des oiseaux fantastiques, un meuble contourné, blanc et or, et des tentures vertes et roses.

Monsieur de Rudesgens, enveloppé dans une robe de chambre de calemande, étoffe à raies, dont on ne retrouverait peut-être pas un autre échantillon dans toute la France, était renversé dans une bergère; armé d'un peigne pliant, il ramenait avec soin sur le sommet de la tête les rares cheveux gris échappés aux ouragans de ses brûlantes passions. Il semblait ne pas entendre la conversation plus qu'animée qui avait lieu entre son auguste épouse et son gendre monsieur de Champmortain.

Madame de Rudesgens, une *Quo-*

tidienne à la main, des lunettes sur le nez, et droite sur sa chaise, avait les traits convulsivement hérissés.

Champmortain, un homme de quarante ans, d'un grand air et d'une grande tournure, allait et venait avec une impatience mal contenue, tandis que la belle et blonde Sylvie, sa femme, ne quittait pas des yeux un métier à broderie, sur lequel elle peignait à l'aiguille de beaux iris placés près d'elle dans un vase de cristal.

— Cela ne sera pas, Monsieur,

cela ne sera pas, disait madame de Rudesgens d'une voix sèche et accentuée.

— Et cela sera fort mal fait, Madame, lui répondit Champmortain en martelant ses paroles comme venait de le faire sa belle-mère.

— Je n'enverrai point d'invitation à monsieur et madame Amab ; libre à vous de voir des gens de cette espèce chez eux ou chez vous, si cela convient à ma fille ; mais ils ne mettront pas les pieds chez moi...

« Je pense que c'est votre avis, Annibal? ajouta-t-elle en se tournant vers son époux.

— Hé! hé! dit celui-ci, que l'interpellation arrêta tout court dans son exercice chevelu; heu! ce sont des voisins.

— Le porcher du bourg est aussi notre voisin; est-ce que vous l'invitez? Vous avez de singulières réponses, Annibal.

— Mais, Madame, reprit Champmortain, monsieur Amab est un homme de la meilleure compagnie, que je rencontre dans tous les salons de Paris... il va chez le roi...

—Quel roi ? dit madame de Rudesgens avec un accent pareil à celui d'un perroquet en fureur.

— Eh ! madame, fit Champmortian, allez-vous encore m'entreprendre à ce sujet ? ... Je sais que vous n'avez pas plus voulu reconnaître Louis-Philippe que monsieur votre père n'a voulu reconnaître Napoléon.

— Que voulez-vous dire, s'écria madame de Rudesgens en arrachant ses lunettes pour darder sur son gendre tout le feu de ses regards... que voulez-vous dire ?....

« Annibal... c'est une insulte à la

mémoire de mon père, mort victime de la tyrannie de Bonaparte. Eh bien! Annibal, vous ne répondez pas.

— Heu! heu! fit monsieur de Rudesgens en se grattant légèrement le nez. Je n'ai pas compris que monsieur de Champmortain ait rien dit de défavorable aux opinions politiques de feu monsieur Van Marken.

— Je vous en supplie, reprit Champmortain, laissons les rois et les morts en paix. Pour la dernière fois, je vous demande une invitation pour monsieur et madame Amab.

— Pour la dernière fois, je vous la refuse.

— En ce cas, Madame, dit Champmortain, je vous prie de vouloir bien m'accorder la faveur d'un entretien particulier.

— Tant qu'il vous plaira, Monsieur, répondit sèchement madame de Rudesgens.

— Voulez-vous permettre, Sylvie...

Madame de Champmortain s'inclina et quitta le salon sans prononcer une parole, pendant que monsieur de Rudesgens s'approchait de Champmortain et lui disait d'un air léger et suffisant :

— Vous n'obtiendrez rien, mon cher ; elle n'a jamais pu supporter une jolie femme dans son salon.

— Que parlez-vous de jolie femme demanda aigrement madame de Rudesgens.

— Vous vous trompez, chère Arthémise, dit monsieur de Rudesgens alarmé et en prenant un ton galant, je parlais de vous.

— Je vous suis obligée, reprit amèrement madame de Rudesgens. Je vois bien que la madame Amab vous tient au cœur... Les homme n'aiment que les créatures de cette espèce...

— Madame, dit vivement Champmortain, ménagez vos expressions...

— Champmortain a raison, fit monsieur de Rudesgens. Que diable, c'est une fort belle personne...

— Est-ce que vous la connaissez, Annibal? reprit la superbe Arthémise, l'œil en feu.

— Quand je la rencontre je la salue et elle me sourit... Voilà tout, — quant à présent, ajouta-t-il tout bas à l'oreille de Champmortain, et il sortit en chantonnant un air des *Visitandines*.

Champmortain ne put s'empêcher de hausser les épaules, tandis que madame de Rudesgens murmurait :

— Il me trompe, je suis sûre qu'il me trompe.

— Voyons, bonne maman, dit Champmortain dès qu'il fut seul avec sa belle-mère, causons amicalement.

— Annibal me le paiera, continua madame de Rudesgens sans écouter son gendre.

. . . .

— Monsieur de Rudesgens n'est pour rien dans tout ceci.

— C'est un libertin, Monsieur; oui, le mot n'est pas trop fort, repartit la vieille épouse d'un ton lacrymal; et lorsque vous voyez tous les chagrins qu'il me cause, vous voulez introduire dans ma maison une femme dont la scandaleuse beauté lui a déjà tourné la tête.

— Si vous redoutez madame Amab parce qu'elle est belle, comment se fait-il que vous invitiez madame de Monrion qui est non moins belle.

— Pardon, pardon, mon gendre, madame de Monrion est une femme que sa vertu met à l'abri d'une séduction, tandis que votre madame Amab a une réputation fort douteuse.

— Fort calomniée, et entre nous, si elle voulait une intrigue, elle aurait je crois mieux à choisir que de s'adresser à monsieur de Rudesgens.

— Et pourquoi s'il vous plaît? repartit vertement madame de Rudesgens.

— Il a bien, je pense, soixante-dix ou douze ans?

— Qu'il porte mieux que certaines gens ne portent leur quarantaine, dit Arthémise en appliquant sa réponse à son gendre par un mouvement de tête fort significatif.

Champmortain se mordit les lèvres et reprit assez aigrement.

— Je vous réponds que la vertu de madame Amab restera inabordable aux soixante-douze ans, si bien portés par votre époux...

— Il a deux cent mille livres de rente, mon gendre, et cette fortune, qui sera un jour la vôtre, est une recommandation puissante auprès de certaines créatures.

Champmortain pâlit, il fut d'autant plus humilié qu'il ne put méconnaître tout-à-fait la justesse de l'observation.

Cependant il se contint et reprit.

— Vous ne voulez pas, bonne maman, dit-il, me réduire à en arriver à des extrémités. Je vous prie, entendez-moi bien, je vous prie d'inviter monsieur et madame Amab.

Madame de Rudesgens examina son gendre.

— Pardon, monsieur de Champmortain, mais cette insistance pourrait me faire croire que vous-même...

— C'est ainsi? dit Champmortain d'un ton sec. En ce cas je commence:

« Un jour que j'avais à dîner chez « moi le cardinal de... »

— Monsieur, dit madame de Rudesgens avec épouvante ; encore cette abominable histoire... et vous osez me la dire en face...

— Et sur mon honneur, je la raconte, je la raconte en plein salon, si vous me refusez encore.

Madame de Rudesgens baissa la tête, poussa trois énormes soupirs.

— Vous n'êtes pas généreux, mon gendre.

— Vous n'êtes pas indulgente, bonne maman.

— Allons, on invitera ces gens-là.

— Et l'on ne dira pas un mot qui puisse donner à Sylvie des idées qu'elle n'a pas et qu'elle ne doit pas avoir.

— Très bien. Mais je vous en supplie, que ce soit la dernière fois que j'entends parler de cet affreux souvenir.

— Ce sera la dernière si vous voulez.

Un moment après, Champmortain

rejoignait sa femme et son beau-père dans le parc.

— Eh bien! s'écria monsieur de Rudesgens.

— Elle a entendu raison.

— Ainsi, nous triomphons, dit le vieux gentilhomme avec joie.

Un regard froid et sévère de sa fille l'arrêta.

— Je veux dire que vous triomphez, reprit monsieur de Rudesgens.

Un sourire pincé et dédaigneux

de madame de Champmortain, l'avertit qu'il faisait encore une maladresse.

— Je veux dire que ma femme cède...

— Je vais immédiatement envoyer une lettre, dit Champmortain.

— J'étais si sûre que vous réussiriez près de ma mère, que je viens de l'envoyer, reprit Sylvie d'une voix brève et pointue.

— Vous êtes toujours charmante, lui répondit son mari de l'air le plus satisfait.

— Il aurait fallu un mot pour excuser une invitation si tardive, dit monsieur de Rudesgens.

— Monsieur de Champmortain pourra nous excuser, repartit Sylvie; car je crois qu'il dîne aujourd'hui chez monsieur Amab.

— Bah!.... fit monsieur de Rudesgens.

— Oui, dit Champmortain négligemment : j'avais oublié de vous le dire.

— Vous vous trompez, reprit froidement Sylvie, vous me l'avez dit.

— Moi...

— Oui, vous, Monsieur, car vous êtes incapable de manquer aux égards que vous devez à mon père et à ma mère, en vous absentant sans nous prévenir. C'est moi qui ai oublié de les avertir.

Ceci fut prononcé d'un ton correct, précis, anguleux, après quoi madame de Champmortain se retira.

— D'où diable sait-elle ça? dit Champmortain; je suis sûr de ne pas lui en avoir parlé.

— Ah! reprit monsieur de Rudesgens, les femmes savent tout... La mienne flairait une rivale à mille lieues... Voyez, aujourd'hui même j'ai à peine prononcé le nom de madame Amab, et ç'a été presque une scène. Il n'y a pas moyen d'avoir une intrigue avec des jalouses comme ça.

Tout en écoutant les doléances de son beau-père, Champmortain avait gagné une petite porte du parc..

— Est-ce que vous sortez ? lui dit monsieur de Rudesgens.

— Oui, je me sens lourd ; je veux marcher un peu.

— A cheval, à ce qu'il me paraît ?

car j'aperçois votre groom avec des chevaux derrière ce buisson.

— Vraiment? eh bien! j'en profiterai, et au lieu d'une promenade à pied, peut-être pousserai-je jusque chez le vicomte Hector de Montaleu que je présente à Léona.

A ce nom, monsieur de Rudesgens leva sur son gendre un regard effaré.

— Ce qui fait, continua Champmortain, que je ne rentrerai probablement pas avant dîner. Je ne reviendrai que fort tard dans la nuit.

Monsieur de Rudesgens n'avait pas quitté son gendre de l'œil.

— Léona, avez-vous dit? Léona ! Ah ça! Monsieur de Champmortain, est-ce que vous tromperiez ma fille?

— Moi! tromper ma femme? fit Champmortain, d'un air railleur. C'était à faire aux maris de votre temps; car, vous me l'avez répété bien des fois, on ne sait plus vivre, on ne trompe plus personne.

— Prenez garde, Champmortain, dit monsieur de Rudesgens en reprenant son air conquérant; si c'était vrai, si vous trompiez Sylvie, je la vengerais...

— Vous n'aurez pas cette peine.

— N'importe ! prenez garde, fit monsieur de Rudesgens avec un air indicible, je vous souffle votre Léona. Hé ! hé !...

Un cri de chat sauvage sortit de derrière la petite porte du parc.

Champmortain monta à cheval en riant aux éclats, et monsieur de Rudesgens se trouva face à face avec son Arthémise.

Un moment après, Champmortain arrêtait le galop rapide de son cheval devant la ferme de Lavordan, dans laquelle un domestique inconnu faisait entrer deux chevaux d'un grand prix.

Champmortain qui était connaisseur, allait descendre pour s'informer s'ils appartenaient à Bricord qui faisait le commerce de chevaux, lorsqu'une voiture se montra à l'extrémité de la route et entra dans la forêt.

Champmortain reprit aussitôt sa course.

A LA FERME.

IV.

Léda venait de rentrer dans la grande salle du rez-de-chaussée de la ferme, salle que Bricord avait fait planchéïer et orner de rideaux de calicot d'un rouge éclatant en l'honneur de son épouse.

Bricord était assis devant une table sur laquelle étaient deux verres et deux bouteilles, dont une déjà vide ; de l'autre côté, se trouvait Aly-Muley, le domestique, ou plutôt le soldat du colonel Thomas Rien.

Lorsque Léda entra, elle était pâle, agitée, tremblante ; elle jeta la petite mante de drap dont elle était enveloppée, et probablement elle eût traversé la salle sans s'arrêter si son mari ne lui eût crié du ton le plus joyeux :

— Eh ! Léda, grande et bonne nouvelle ! mon colonel, le colonel Thomas vient d'arriver dans le pays; voilà Aly-Muley, un ancien camarade des spahis, qu'il m'a envoyé en avant avec les porte-manteaux.

— Ah fit Léda d'un air distrait, votre colonel arrive, tant mieux pour vous.

— Et ce qu'il y a de superbe, vois-tu, Léda, c'est qu'il ne vient pas en passant, il vient exprès pour moi, c'est soixante-dix lieues, rien que ça, pour le plaisir de me voir...

« Ah! tonnerre, tiens, Aly, rien que

pour ce que tu viens de m'apprendre, je donnerais ma main droite, quoiqu'à vrai dire elle ne me serve pas à grand'chose depuis le coup de sabre qui m'empêche d'écrire.

Pendant qu'il parlait, Aly-Muley s'était levé, et s'adressant à la fermière, il lui avait dit en la saluant avec son verre :

— C'est moins pour boire que pour vous présenter le bonjour.

— Merci, Monsieur, fit sèchement Léda.

— La bourgeoise s'est levée les pieds les premiers, à ce qu'il paraît, dit Aly en reprenant sa place près de Bricord.

— Elle n'aura pas bien dormi, reprit celui-ci à voix basse, et peut-être a-t-elle mal aux nerfs.

Aly regarda Bricord, fit une grimace expressive et but d'un trait le contenu de son verre.

Cependant Léda s'était assise dans un coin; son regard avait quelque chose d'égaré; tout son corps tremblait.

Son mari, joyeux et fier de l'arrivée de son colonel ne remarqua point cette agitation et s'approcha d'elle.

— Léda, lui dit-il, j'ai un service à te demander. Le colonel arrive, tu sais qu'il n'y a que ta chambre de bien arrangée dans notre maison. Veux-tu la lui céder pour le peu de temps qu'il va passer ici.

— Ma chambre, fit elle; vous me demandez ma chambre?

— Oui.

— Oh! dit-elle en se levant soudainement, celle-là et les autres, vous pouvez tout prendre...

— Aly observait la figure du mari et de la femme, et murmurait:

— Mal aux nerfs... pauvre Bricord.

—Est-ce que ça te fâche? est-ce que ça te fait de la peine? reprit Bricord, le colonel n'est pas difficile; nous ne couchions pas tous les jours dans des lits de plume en Afrique; je lui donnerai une chambre.

— Je vous dis que vous pouvez prendre la mienne, repartit Léda.

— En ce cas, dit Ali à Bricord, veux-tu me montrer la chambre de madame pour que j'aille préparer ce qu'il faut.

— J'ai quelque chose à ranger dans cette chambre, dit Léda, dans une heure elle sera à votre disposition.

Aussitôt elle sortit ;

— Aly-Muley reprit sa place et se versa un verre de vin.

Bricord, mécontent et confus, alla s'asseoir près de lui.

— Elle est malade depuis quelque temps, dit-il, car c'est la meilleure femme, et si instruite, si spirituelle...

—Ça va bien à ce qu'il paraît, les affaires, reprit Aly, d'un ton criard, la ferme est bonne.

— Cependant, dit Bricord, si ça la gênait de quitter sa chambre, le colonel ne serait pas mal dans la mienne...

— Ali regarda encore Bricord, et repartit :

— Et l'élève des chevaux ; ça te réussit-il ?

— Léda a quelque chose d'extraordinaire, assurément, fit Bricord en se levant... Il faut que je lui parle... Attends un moment.

Il sortit, et Aly-Muley entendit bientôt frapper à une porte qui ne s'ouvrit pas.

Bricord appela Léda qui ne répondit point. Il supplia sans plus de succès, parut prêt à se fâcher, puis se radoucit, et finit par obtenir une réponse où Léda le priait de la laisser un moment en repos.

Muley, qui avait attentivement écouté, commença une série de jurements accompagnés de termes de mépris qui signifiaient en français poli :

« — Imbécille, dadais, si j'avais « une femme comme ça je lui romprais « les os.

Bricord rentra pendant ce monologue menaçant.

— Qu'as-tu donc ? lui dit Bricord.

— Rien. Je rêvais aux belle juives et aux filles moresques de la rue Bab-Azoun.

— Ma femme va revenir tout de suite, reprit Bricord avec un énorme soupir.

Les deux amis se replacèrent chacun d'un côté de la table et gardèrent un moment le silence, Bricord le cœur plein, et tout prêt à confier à son ancien camarade tout ce qu'il éprouvait de chagrin secret, si celui-ci lui eût adressé la moindre question à ce sujet ; Aly-Maley bien décidé à ne pas dire un mot qui pût amener une pareille confidence.

Tous deux étaient fort embarrassés, mais ils furent tirés de cette position par l'arrivée d'un nouveau personnage.

Le colosse qui entra en ce moment poussa un énorme éclat de rire, et s'avança vers la table, en disant:

— Eh! tonnerre! j'étais sûr de te trouver là, Bricord, le verre à la main, puisque je ne t'avais pas rencontré dans les champs, que je viens de battre de tous les côtés, pour t'annoncer une bonne nouvelle.

« Popinau a éventé hier un sanglier dans le fourré des bois de Louches; il faut que nous l'ayons demain, si toutefois ton maître veut bien nous permettre de passer dans ses bois; car j'ai entendu dire à Lalouette, mon piqueur, que Montéclain faisait le difficile, et prétendait garder son gibier.

« Que diable veut-il en faire, ce Parisien? il n'est pas capable de mettre une balle à trente pas dans la porte de la cathédrale d'Autun.

— Je n'ai pas entendu dire cela, reprit Bricord; mais, dans tous les cas, j'en parlerai aujourd'hui à monsieur le marquis. Il a annoncé qu'il passerait par la ferme pour régler quelques comptes que nous avons ensemble.

— Ah ! reprit le vicomte Hector de Montaleu, ce doit donc être lui que j'ai vu de loin avec un autre dans la voiture de Brias, qui prenait la la rampe de la colline pour venir de ce côté.

— Ce doit être le colonel, dit Aly-Muley; car je l'ai laissé chez monsieur de Brias, qui devait l'accompagner jusqu'ici.

— Mon colonel ! mon colonel ! s'écria Bricord à ce nom, qui lui fit oublier et l'humeur de Léda et la présence de Montaleu.

« Je cours au-devant de lui, ajouta-t-il en sortant de la chambre, sans égard pour la compagnie d'Aly-Mulcy ni pour la présence du vicomte.

— Quel est ce colonel ? dit Hector resté seul avec Mulcy.

— C'est mon colonel, répondit celui-ci en rangeant les bouteilles et les verres restés sur la table.

— Et son nom, dit Hector en retenant une bouteille qui n'était pas encore vide, et en versant le reste dans un verre, qu'il alla prendre sur un buffet, en homme habitué à agir chez Bricord comme chez lui-même.

Aly-Muley se redressa, regarda l'énorme vicomte en face, et répondit emphatiquement:

— Il s'appelle le colonel Thomas Rien.

— Voilà un drôle de nom, fit Hector en posant son verre et en tournant sur ses talons, sans paraître frappé de l'importance du personnage qui venait de lui être annoncé d'une façon si solennelle.

Aussitôt, il quitta la salle basse et monta droit à la chambre où Léda s'était enfermée et à la porte de laquelle Bricord avait vainement frappé.

La manière dont Hector s'annonça était probablement plus agréable à la dame que celle dont usait son mari, car la porte souvrit à l'instant même et se referma immédiatement.

Aly-Muley monta les deux premières marches qui conduisaient à cette chambre comme quelqu'un qui a envie d'aller écouter ce qui va se dire, mais il redescendit presqu'aussitôt en secouant la tête, et en murmurant, selon son habitude :

— La femme a mal aux nerfs ; il y a la chambre de madame et celle de monsieur ; et la chambre de madame, qui ne s'ouvre pas pour monsieur, s'ouvre pour un autre quand le mari n'y est pas. Il y aurait ici de quoi apprendre, mais je n'ai pas d'ordre...

Il tira un briquet et de l'amadou de sa poche, alluma sa pipe qu'il avait bourrée pendant que Montaleu parlait à Bricord, et s'en alla du côté des écuries voir si Mogador et Penny ne manquaient de rien.

CONVERSATIONS.

V.

Si Aly-Muley eût été moins discret, il eût pu entendre le dialogue suivant vivement échangé entre le grand Hector et la belle Léda :

— Je vous ai attendu deux heures à la *Charbonnière*, dit celle-ci.

— Que voulez-vous, répondit négligemment Hector, j'ai été arrêté par Lalouette... à propos d'un sanglier...

— Pour lequel vous m'avez oubliée.

— Vous voyez bien que non, répliqua brutalement Hector, puisque je suis venu.

— Et vous pouvez vous en retourner, repartit Léda; car voici mon mari qui revient.

Hector descendit ; il rentra dans la salle basse au moment où Brias y pénétrait du dehors, accompagné du colonel et d'un homme jeune encore, d'une fière beauté, d'une taille élevée et d'une rare distinction, c'était Montéclain.

— Ah ! s'écria Brias, voici le roi des forêts, Hector de Montaleu que je vous présente, colonel. — Monsieur le colonel Thomas Rien, un de mes bons amis, que je vous présente à son tour, vicomte.

Le colonel salua froidement Hector après l'avoir examiné d'un regard assez dédaigneux. Hector, de son côté, fit à peine une inclination suffisante, et ces deux hommes se dirent chacun à part soi.

« Voilà un rustre à qui je donne-
« rais volontiers une leçon. »

« Voilà un traîneur de sabre qui
« me déplaît souverainement. »

Montéclain était resté sur la porte causant avec Bricord.

Montaleu alla à lui pendant que Brias disait à Thomas :

— Que pensez-vous de notre Nemrod ?

— Que c'est un goujat.

— Est-ce que Bricord vous parle de notre chasse de demain? dit Hector à Montéclain.

— Il m'en a parlé, et je refuse.

— Comment, lui dit Hector, vous refusez?

— Exactement et absolument, fit Montéclain en entrant dans la salle basse, et en parlant de sa voix la plus douce et la plus insouciante.

— Savez-vous, Montéclain, que vous n'êtes pas aimable?

— Pourquoi voulez-vous que je le

sois avec vous, mon cher Hector?....

« J'ai voulu être député et membre du conseil général; vous pouviez me donner votre voix et celles de vos amis; vous avez pensé qu'il valait mieux suivre les inspirations de votre oncle, qui m'a attaqué avec plus d'esprit et de courage que je ne lui en croyais; vous avez voté pour mon concurrent, et je ne vous en ai pas fait le plus petit reproche.

« Aujourd'hui, vous me demandez un service, je vous le refuse.

— Toujours la même histoire, dit Hector en ricanant; quelle manie, aussi, avez-vous de vouloir être député !...

— C'est un amusement comme un autre, repartit Montéclain ; j'y tenais presqu'autant que vous à un cerf dix cors, vous n'avez pas voulu me faire ce plaisir, je ne veux pas vous faire celui que vous me demandez ; je suppose qu'il n'y a rien de plus juste.

— Très bien, très bien, reprit brusquement Hector ; nous parlerons de cela plus tard.

« Quant à présent, je vous souhaite bien le bonjour, Messieurs, car il me semble qu'il est temps d'aller faire un bout de toilette pour me rendre chez la dame à qui vous devez me présenter, Brias.

— Vous nous trouverez chez elle, répondit celui-ci. Déployez toutes les ressources de votre coquetterie, mon cher Troyen ; vous allez avoir affaire à une femme qui se connaît en élégance et en beauté. Voilà une conquête digne de vous.

— Au diable ! dit Montaleu en haussant les épaules ; si ce n'était pour ce que vous savez bien, je vous jure que je n'irais pas chez cette Lionne, comme vous l'appelez.

Au moment où Montalcu achevait cette phrase, Aly-Muley entrait dans la salle basse.

A ce mot de *Lionne*, il s'arrêta tout court et s'écria avec un accent gascon encore plus prononcé qu'à l'ordinaire :

— Ventredieu ! est-ce qu'il y a une lionne dans le pays?

— Sans doute, lui dit Montéclain en riant.

— En ce cas, prête-moi ton fusil, Bricord, et si je ne vous en ai pas débarrassé le pays dans trois jours, je veux perdre mon nom d'Aly-Muley que j'ai gagné en deux fois sur les infidèles au risque de ma peau de chrétien.

« Voilà une chasse où l'on peut s'amuser, au lieu que vos cerfs et vos sangliers, on doit tuer cela par dessous la jambe.

— Est-ce que vous avez jamais tué de lionne? dit Montaleu.

— Non, dit Aly-Muley; mais j'ai tué quatre lions aussi grands et aussi gros que vous; et c'est pour cela que je voudrais tuer une lionne.

— Est-ce vrai? dit Montaleu en regardant à la fois le colonel et Montéclain.

— Comment, si c'est vrai! reprit Aly-Muley, j'ai un outil dont un prince m'a fait présent, avec lequel je me flatte de pouvoir loger une balle dans l'œil droit ou dans l'œil gauche de tout animal vivant, que ce soit un quadrupède ou un homme.

— En voilà assez, fit le colonel; va me préparer ce qu'il me faut pour m'habiller.

— Reste à savoir, reprit Aly-Muley, si la chambre est prête.

— Vous pouvez y monter quand vous voudrez, dit Léda qui parut aussitôt.

— Eh ! fit Bricord, c'est ma femme, mon colonel ; voilà ma femme... Si elle n'est pas venue au devant de vous, c'est qu'elle était restée ici pour tout préparer pour votre réception.

« Eh bien ! pourquoi que vous la saluez comme ça ? Embrassez-la, je vous en prie, embrassez-la...

Malgré la recommandation de Bricord, Thomas se contenta de saluer Léda avec une froide politesse, tandis qu'Hector de Montaleu, qui était resté sur la porte, considérait d'un œil également irrité, Bricord et le colonel.

La recommandation du mari lui avait déplu ; mais le refus du nouveau venu lui déplut sans doute bien davantage, car il s'éloigna tout aussitôt en murmurant le mot : Insolent !

Le colonel avait suivi son domestique dans la chambre qu'on lui avait préparée, et Bricord avait emmené sa femme pour lui faire lire quelques papiers que lui avait remis Montéclain, de façon que celui-ci se trouva seul avec Brias.

— Comment se fait-il, dit-il alors

à ce dernier, que vous, un garçon d'esprit, vous viviez familièrement avec cette bête brute de Montaleu?

— Que voulez-vous, mon cher Montéclain, je ne suis pas comme vous en position de m'en faire un ennemi.

— Est-ce que vous lui devez de l'argent? dit Montéclain.

— Pas encore, repartit Brias; et je vous avoue que ce serait le dernier des hommes à qui je voudrais en devoir, si j'étais en mesure d'en trouver ailleurs que chez lui.

— De combien avez-vous besoin

pour arranger vos affaires? lui dit Montéclain.

Brias parut réfléchir, et répondit bientôt après d'un ton léger :

— Je vous remercie, Montéclain, si ce que je tente réussit, je veux que le diable m'emporte, si je ne me trouverai pas quitte envers Montaleu, après lui avoir rendu son argent; et s'il n'est pas content de la manière dont je le lui rendrai, je tâcherai de me rappeler que le crâne d'un Montaleu n'est pas plus difficile à viser que le bras gauche d'un Anglais.

— Vous tramez quelque perfidie contre lui, n'est-ce pas?

— Non, vraiment. Je vous déclare, pour parler dans son style, que je ne courrai la bête qu'après qu'il l'aura laissé échapper.

— Ah! ça, dit Montéclain après avoir regardé Brias d'un air railleur : c'est donc une enchanteresse bien puissante que cette Julie de Mourion?

— A quel propos, dit Brias avec humeur, me parlez-vous d'elle?

— C'est que voici votre plan à ce sujet, répondit Montéclain : vous emprunterez une centaine de mille francs à Montaleu; avec cela vous arrangerez vos affaires, vous apaiserez le ministre, et comme, à part votre manie de faire des dettes, vous êtes l'un des hommes les plus distingués de la diplomatie, vous obtiendrez le poste qui vous est promis.

« Une fois votre commission en poche, vous mettrez tout cela aux pieds de monsieur de Montaleu, pour qu'il l'accepte et l'offre à son tour à madame de Monrion, dont la vanité bourgeoise sera ravie d'être la femme d'un ministre, et, bientôt, d'un ambassadeur.

« De cette façon, vous aurez payé à la fois la belle et l'héritage avec l'argent de l'amoureux et de l'héritier. C'est d'une fort jolie diplomatie.

— Que le diable vous emporte, fit Brias, avec vos suppositions! J'espère que vous ne soufflerez pas un mot de tout cela devant Montaleu.

— Je ne dis guère le secret des autres qu'à eux-mêmes; ce n'est pas ce que vous faites toujours, vous.

— A quel propos, me dites-vous cela?

— A propos de Bricord, reprit Montéclain en baissant la voix.

« Le colonel, en venant ici, m'a interrogé sur le compte de ce brave garçon, et, malgré toute la circonspection qu'il y a mise, j'ai compris que vous aviez dû lui révéler certains secrets....

— Ah bah ! dit Brias, des gens de cette espèce...

— Des gens de cette espèce, repartit Montéclain sèchement, tuent l'homme qui les déshonore.

— Je ne vois pas le grand malheur qu'il y aurait à ce que notre Hector fût assommé par ce nouveau Ménélas.

— Si vous trouvez bon que tous

les Ménélas du pays fassent bien d'assommer les Pâris de leurs Hélènes, je n'ai plus rien à dire.

Brias se mordit les lèvres.

— Ecoutez-moi, Brias, reprit Montéclain, nous marchons en ce moment sur un terrain brûlant; il va se passer quelque chose de terrible et de funeste dans ce pays.

— Qu'est-ce donc? dit Brias.

— Je n'en sais rien, repartit Montéclain, mais j'en suis sûr.

— Pourquoi cela?

— Parce que le diable est ici.

— Brias se mit à rire, et reprit d'un ton léger.

— Et à qui donnez-vous donc ce nom terrible ?

Avant que Montéclain eût répondu, le colonel Thomas entra en disant :

— Me voilà prêt, Monsieur, et quand vous voudrez, nous partirons pour aller chez la belle madame Amab.

Cette apparition, qui semblait avoir remplacé la réponse que Montéclain n'avait pas eu le temps de faire, frappa vivement Brias, qui ne put s'empêcher de considérer plus attentivement le colonel, et soit que le visage de Thomas Rien eût une expression que n'avait jamais remarquée le jeune diplomate, soit que l'imagination de celui-ci prêtât à cette figure un aspect qu'elle n'avait pas, toujours est-il qu'il crut y découvrir quelque chose de fatal et de satanique qui le fit tressaillir.

— En ce cas, dit Montéclain, partons, et quoiqu'il soit de bonne heure, il est probable que nous n'arriverons pas les premiers.

L'INVITATION.

VI.

Lorsqu'ils arrivèrent chez Amab, on leur dit que Léona était encore à sa toilette, mais on les avertit en même temps qu'ils trouveraient encore Victor à son atelier.

— Venez admirer cela, colonel, dit Montéclain, c'est un homme d'un grand mérite que cet Amab.

« En vérité, cela me fait une peine horrible de voir un homme de cette portée gaspiller, pour quelques écus dont il ne profite pas, le talent le plus grave, le plus sérieux de notre époque.

« Encore un de ces hommes qui resteront toujours à l'état d'espérance, et qui ne feront jamais rien de complet, parce qu'il n'ont pas compris que la gloire est la véritable fortune de l'artiste, comme elle est aussi celle du soldat... n'est-ce pas colonel? »

Brias remarqua que Thomas ne répondit point, et qu'un léger mouvement de colère vint agiter ses traits, dont la dure gravité était presque toujours immobile.

« Oh! oh! dit en lui-même Brias, est-ce que celui-ci courrait aussi après quelque dot ou après quelqu'héritage? Serait-ce encore un rival? J'y veillerai. »

Lorsqu'ils entrèrent dans l'atelier d'Amab, ils le trouvèrent avec Champmortain, qui, après les salutations d'usage et la présentation du colonel, leur apprit, d'un air joyeux, qu'il venait enfin d'obtenir de monsieur Amab, les quatre tableaux qui se trouvaient dans son atelier.

La plaisanterie de Léona était *consommée*.

Amab n'avait pas l'air aussi heureux de son marché que l'était monsieur de Champmortain.

Après ce qui s'était passé entre Amab et sa femme, Victor s'était beaucoup préoccupé de la manière dont il pourrait amener la conversation sur ses tableaux, et il n'avait pas été peu surpris de voir monsieur de

Champmortain monter en arrivant à son atelier, s'extasier sur ses toiles, et lui offrir encore de les acheter, quoiqu'elles lui eussent été déjà refusées plusieurs fois. Monsieur de Champmortain eût été averti de la scène qui avait eu lieu entre Victor et Léona, qu'il n'eût pas abordé plus directement un sujet dont il n'était plus question depuis quelque temps.

Amab reçut donc froidement les félicitations qu'on faisait à Champmortain, et qui étaient cependant un éloge pour l'artiste, puisqu'on estimait si heureux l'homme qui avait pu acquérir quelques-unes de ses œuvres.

Un moment après, on vint avertir que madame Amab attendait ses convives dans le salon avec monsieur Hector de Montaleu qui venait d'arriver, et qui avait été obligé de se présenter lui-même.

— Par ma foi, dit Brias, j'en suis ravi ; s'il m'eût fallu présenter à la fois Montaleu et le colonel, j'aurais été fort embarrassé pour ne pas faire une impertinence à l'un ou à l'autre. Si j'avais présenté le colonel du même pied que Montaleu, mon ami Thomas aurait eu le droit de se fâcher, et si j'avais dit de chacun d'eux ce que j'en pense, il est probable qu'Hector n'eût pas été content de la très minime part qu'il eût eu dans mes éloges.

On descendit, et la présentation du colonel fut faite par Brias.

— Le nom de Monsieur suffit, dit Léona, pour le bien faire accueillir par toute personne qui n'est pas étrangère aux jeunes gloires de notre époque, et je remercie monsieur de Brias d'avoir bien voulu présenter le colonel chez moi avant de le présenter ailleurs. J'espère qu'il n'oubliera pas que nous aurons un titre à ses visites, ne fût-ce que par droit d'ancienneté.

— Madame, lui dit Thomas d'un air grâcieux, le droit d'ancienneté n'en est un que pour ceux qui n'en ont point d'autres, et je désire que vous donniez un motif plus réel à la permission que je vous demande de me représenter souvent chez vous.

Il y eut, après ces paroles un singulier échange de regards entre Léona et le colonel.

Brias le remarqua et se tourna vers Montéclain, qui l'interrompit en lui disant tout bas :

— Brias, regardez bien ce nuage qui naît à l'horizon, il me semble que j'y vois des combats, du sang, du meurtre, de l'incendie, tous les désastres à la fois ?

— Où donc ? fit Brias.

— Oh ! il est trop tard, dit Montéclain, le vent vient de tout faire disparaître ; il faut avoir l'œil alerte pour découvrir ces pronostics que le ciel jette à nos regards.

On entreprit une promenade avant le dîner. Léona y fut d'une réserve affectée pour le colonel, d'une familiarité charmante avec Brias, d'une coquetterie raffinée pour Hector de Montaleu, et d'une politesse sérieuse et presque respectueuse pour Champmortain.

Quant à Montéclain, il n'obtint qu'une attention distraite et presque impolie. Ou Léona avait le plus profond dédain pour Montéclain, ou elle en avait peur.

Brias qui savait que Montéclain ne permettait à personne de le traiter avec ce laisser-aller, lui dit, pendant que Léona s'appuyait sur le bras d'Hector:

— N'est-ce pas que cette femme est ravissante?

— Qui ça? dit Montéclain.

— Eh! pardieu, madame Amab.

— Ma foi, cela ne m'occupe guère, répondit Montéclain.

— Que venez-vous donc faire dans cette maison!

— Tout ce que je puis vous affirmer, dit Montéclain, avec son insouciance accoutumée, c'est que je n'y viens pas pour acheter des tableaux.

— Voulez-vous que je répète le mot à Léona? fit Brias d'un air fin.

— C'est un soin dont je vous dispenserai; car je vais le lui dire moi-même pour que vous ne le lui répétiez pas.

— Un moment, un moment, dit Brias.

— Et j'ajouterai, repartit Montéclain, que vous avez trouvé le mot méchant.

— Au diable soit votre manie de casser les vitres à propos de tout.

— Je ne casse rien, seulement je veux aller au-devant du danger dont vous me menacez.

— Me croyez-vous capable de répéter un mot comme celui-là ?

— Vous... non : vous êtes incapable de le dire, mais elle est capable de vous l'arracher.

— Vous avez donc peur de Léona ?

— Oui... pour vous.

— Ce n'est pas là que tendent mes vœux.

— Mais c'est la main qui dirige vos plans de campagne.

— Vous me prenez pour un Champmortain, mon cher, dit Brias avec fatuité.

— Non pas, non pas, mon très cher : Champmortain achète des tableaux, c'est un droit que vous n'avez pas.

— Ah ! pardieu, s'écria Brias, pour qui l'entretien devenait embarrassant, regardez donc Hector tenant en l'air l'ombrelle de madame Amab, il a l'air de l'éléphant du roi de Siam portant au bout de sa trompe le parasol de sa favorite.

— Regardez plutôt Champmortain causant avec le colonel et essayant d'avoir le secret du mystérieux regard échangé entre lui et Léona.

— Est-ce que vous croyez que le

colonel et Léona se connussent avant de se rencontrer aujourd'hui ?

— Est-ce que vous savez quelque chose de la vie du colonel et saurez-vous jamais rien des projets de Léona ?

« Tenez, voici monsieur Amab qui s'approche et qui fait semblant d'admirer ses pivoines, parce qu'il ne voit personne à qui parler. Je vais aller à son aide, c'est le seul de nous tous qui m'intéresse.

— C'est juste, Montéclain ; nous savons que vous êtes toujours du parti des victimes.

— Comptez sur moi, lui dit Montéclain d'un air moqueur.

— Ah! ça, fit Brias en le retenant, savez-vous quelque chose? Vous finirez par me faire peur.

— Une question, et si vous m'y répondez franchement, je vous en dirai peut-être plus.

— Voyons.

— Madame Amab connaît-elle vos intentions au sujet de madame de Monrion?

— Non, pour cela, non. Je me suis bien gardé de lui en parler.

— Je ne vous demande pas si vous

le lui avez dit, je vous demande si elle le sait ?

— A moins qu'elle ne l'ait deviné...

— Ou bien à moins qu'elle ne l'ait appris de l'un de vos fournisseurs, dont vous avez suspendu les poursuites en leur annonçant que vous étiez sur la piste d'un magnifique mariage.

— D'où diable savez-vous cela ?

— De l'un d'eux, qui, me sachant dans ce pays, m'a écrit pour savoir s'il devait encore alonger la corde au bout de laquelle vous chassez, comme un chien novice portant le collier de force.

— Et vous croyez qu'un de ces drôles peut avoir écrit aussi à Léona ?

— C'est à vous que je le demande.

— Ma foi, dit Brias, il en sera ce qu'il en sera. Quel danger peut-il y avoir à ce que madame Amab sache mes projets ?

— C'est que, malgré vos folies, vous n'êtes pas une vengeance.

— Qu'entendez-vous par là ?

— Dans quel intérêt pensez-vous donc que Léona vous ait poussé à exciter les projets de mariage de Montaleu?...

« D'où vient qu'elle vous a insinué de lui dicter la lettre qui a été remise ce matin au vieux marquis? Vous n'en savez rien.

« Eh bien! voici pourquoi :

« Ou Montaleu sera accueilli, ou Montaleu sera refusé. »

— Le dilemme est irréprochable.

— S'il est accueilli, croyez-vous qu'il puisse y avoir au monde une plus déplorable destinée pour une femme, que d'appartenir à cette bête fauve que la lionne caresse en ce moment?

— Vous avez raison; mais il ne réussira pas, je le sais...

— Et je suis de votre avis.

« Mais en ce cas, avez-vous calculé à quel excès peut se livrer la bête fauve aiguillonnée par une main aussi habile que celle de Léona?

— Sur mon âme, vous me faites peur.......

« Mais, après tout, que peut-elle faire? Dire mes projets à Hector... Ce sera un duel...

— Mon cher Brias, vous êtes perdu... Comment se fait-il que vous, qui passez pour un diplomate habile, vous ne voyiez jamais que les coups droits poussés en pleine poitrine..... Mais les coups de côté...

— Plaît-il?..

— Le côté vulnérable.

— Quel côté vulnérable?

— Le côté Champmortain...

— Je veux être pendu, si je vous comprends.

— Le côté Sylvie...

— Sur mon honneur, Montéclain,

c'est une infâme supposition ; Sylvie est irréprochable...

« Mais en vérité, vous me faites trembler. Expliquez-vous?...

— Impossible, voici Léona qui arrive avec tout son monde. Allons, Brias, du sang-froid, on va nous attaquer.

— Vous avez tort, disait Léona à Hector, de vous inquiéter de ce que disent ces messieurs ; cela ne doit pas être fort intéressant, je suppose. Probablement ils réglaient le destin de l'Europe.

— Vous oubliez que notre illustre

diplomate, dit Montéclain, m'avait pour interlocuteur. Je ne suis pas de taille à embrasser de si vastes intérêts. Nous parlions de nos voisins.

— Et vous en disiez...

— Je ne sais, dit Montéclain, demandez à Brias. Etait-ce du mal ou du bien ?... cela dépend...

— Pouvons-nous en être juges ? fit Thomas Rien.

— Ce serait prendre trop de peine, dit Léona avec une légère impatience, car elle avait vu venir du bout de l'allée un domestique qui paraissait apporter une missive sur un plateau d'argent.

Un regard de Champmortain, adressé à Léona sembla lui dire :

— Voilà ce que vous attendiez.

Léona le remercia par le plus aimable sourire.

— Brias, dit Montéclain à voix basse, soyez tout yeux et tout oreilles.

— Pourquoi?

— Je n'en sais rien... mais il se prépare un coup de théâtre.

Le domestique arriva.

Il y avait une lettre dans le plateau.

Léona tendit la main pour la prendre, mais aussitôt elle l'y remit en disant :

— C'est pour Monsieur.

Amab reçut la lettre et l'ouvrit.

A peine y eut-il jeté les yeux qu'il pâlit et la froissa convulsivement dans ses mains crispées.

Léona qui vit ce mouvement, ne fut pas assez maîtresse d'elle-même pour ne pas s'arrêter.

— Qu'est-ce donc, dit-elle froidement, une mauvaise nouvelle ?

— Non, Madame, dit Amab d'une voix stridente et en s'approchant de Léona, une insulte !

— Pour vous ? dit tout bas Léona.

— Jugez-en, dit Amab.

Et il lui passa la lettre.

Léona la lut.

Elle était imprimée dans la formule ordinaire des lettres d'invitation et portait ces mots :

« Monsieur le comte et madame la
« comtesse de Champmortain prient
« *Monsieur* Amab de leur faire
« l'honneur, etc... »

Malgré toute son énergie, Léona pâlit et resta un moment silencieuse.

— Eh bien ! dit Amab.

— Pardon, Messieurs, fit Léona

avec le plus grâcieux sourire, voilà l'heure du dîner; je pense que nous ferons bien de rentrer.

— Quoi! reprit Amab en s'approchant de sa femme, vous ne dites rien.

— Pas un mot, je vous en supplie, dit Léona, et je vous jure que la réparation dépassera l'injure de beaucoup.

— Et vous permettrez que monsieur de Champmortain s'asseoie à votre table?

— Cela me regarde, je suppose...

c'est pour moi qu'est l'insulte... laisse-moi agir à ma guise.

Elle se détourna d'Amab, et revint du côté des autres convives qui parlaient de la beauté du ciel en regardant tous du coin de l'œil *l'à parte* de Léona et son mari.

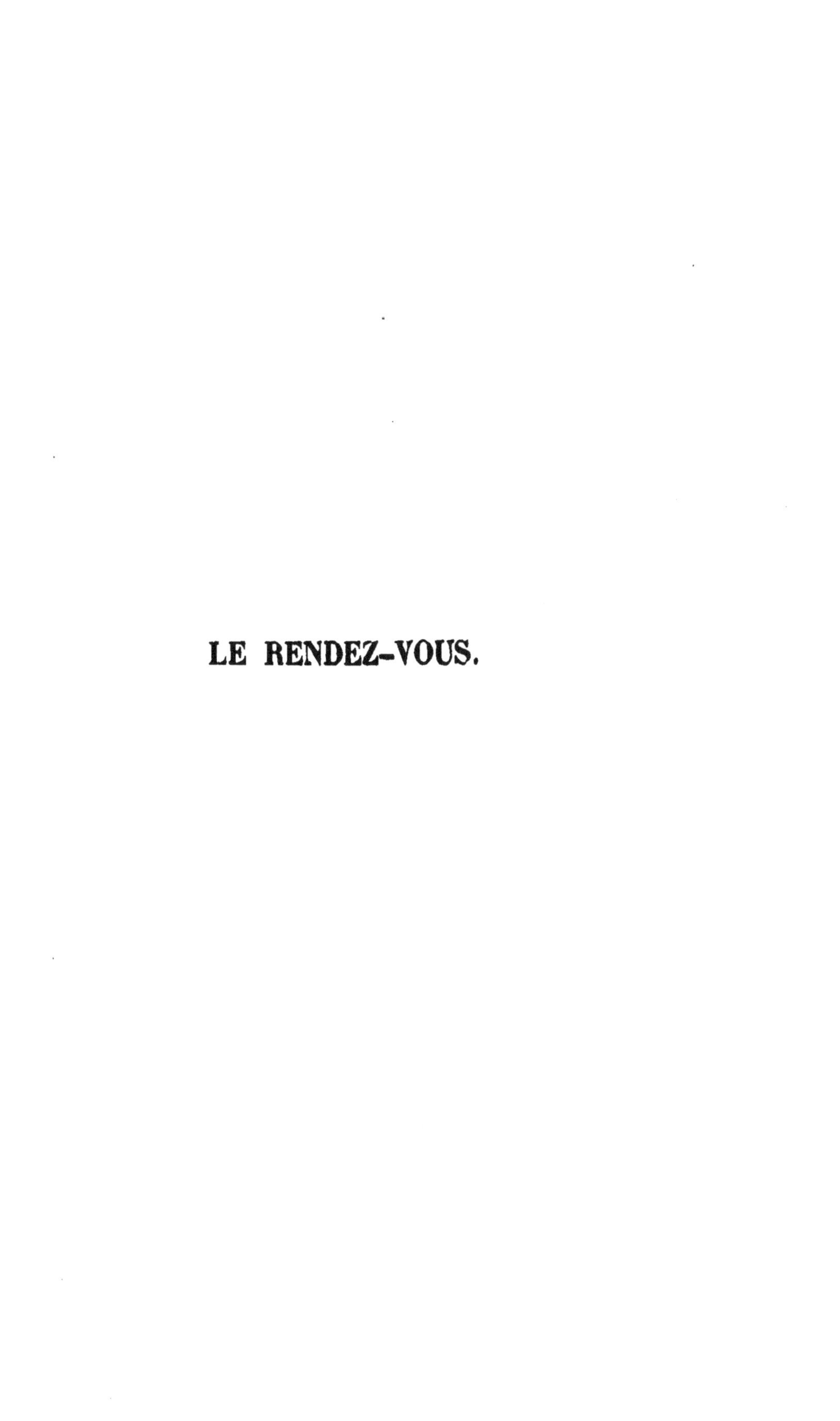

LE RENDEZ-VOUS.

VII.

Champmortain était sur les épines; il implora Léona du regard, mais elle ne daigna pas faire attention à lui, et, tout en adressant quelques paroles à Montaleu, au colonel et à Montéclain, elle prit le bras de Brias et l'emmena doucement du côté de la maison.

Nous rapporterons les terme textuels de leur conversation : ils ont une importance extrême.

— Brias, j'ai besoin de causer avec vous, lui avait dit Léona.

— Quand vous voudrez, je vous écoute.

— Non, demain.

— Soit... ici ?

— Non, dans la forêt.

— Dans la forêt! et de quel côté?

— Du côté du bois de Louches.

— Très volontiers.

— Ou plutôt, reprit Léona, dans la grotte des Faisans.

— Encore mieux.

— Décidément je préfère le fourré qui borde le parc de M. de Rudesgens.

— Si c'est pour un entretien secret, dit Brias avec empressement, il est bien fréquenté.

— Ah! fit Léona... Ailleurs donc, si vous voulez; au bois de Louches. Quelle est votre heure, Brias?

— La vôtre?

Léona réfléchit.

— Dix heures du matin.

— Cela me va.

— Non, reprit-elle, je ne pourrais sortir avant le déjeûner sans mille explications....

— Plus tard, si vous voulez.

— A midi?

— Très bien.

— Ou à deux heures?

— Comme vous voudrez.

— Je ne pense à rien, dit Léona. J'ai affaire toute la matinée avec le notaire de monsieur Amab... Cinq heures, si cela vous est indifférent, ajouta-t-elle en l'observant.

— A merveille.

— Ou bien, si vous dînez quelque part, entre trois et quatre.

— Vous m'avez proposé cinq heures... et je préférerais... repartit Brias...

— A merveille, dit Léona avec empressement, je préfère aussi cette heure.

— Et je ne puis rien savoir du motif de cette entrevue ?

— Il est plus important que vous ne croyez.

Brias insista, Léona se défendit en riant, et il n'en fut plus question.

Le dîner fut charmant, plein de gaîté, d'entrain, de paradoxes amusants.

Champmortain, qui était profondément inquiet, eut les distractions les plus saugrenues, dont Montéclain ne laissa pas échapper une seule.

Quant à Brias, il n'avait jamais été si brillant ; le colonel eut sa part du succès, et telle fut l'adresse de Léona, qu'elle fit à Montaleu des bons mots de ses balourdises.

Amab seul n'eut pas ce grand art de cacher sous le bouillonnement d'une conversation frivole, le ressentiment de l'injure qui le brûlait intérieurement. Il fut triste, maussade, et bientôt exclu des mille plaisanteries qui couraient autour de sa table, bruyantes, légères, folles, et comme si chacun n'eût pas eu une inquiétude dans le cœur.

Durant la soirée qui suivit le dîner, Champmortain essaya vainement de se rapprocher de Léona ; il ne put pas lui arracher un regard.

Seulement il fut averti, au moment où chacun se retirait, qu'il n'obtiendrait aucun entretien particulier.

En effet, Léona dit à Montéclain.

— Comment retournez-vous chez vous ?

— J'ai ma voiture.

— En ce cas, monsieur de Brias se chargera de ramener monsieur de Champmortain, et vous reconduirez le colonel.

— J'ai mes chevaux, reprit Champmortain.

— Et moi aussi, dit le colonel.

— Très bien, vous pourrez chevaucher ensemble, fit Léona.

Il fallut partir après ce congé irrévocable.

Le colonel et Champmortain, à cheval, prirent la route de la ferme de Lavordan.

Montaleu tourna d'un autre côté, et Montéclain devança Brias sur la route; mais, arrivé à quelque distance, Montéclain fit arrêter sa voiture et se laissa rattraper par Brias.

— Que vous est-il arrivé, s'écria celui-ci.

— Rien, donnez-moi seulement une place près de vous.

— Très volontiers.

— Brias, que vous a dit Léona ?

— Ceci dépasse toutes les limites de l'indiscrétion.

— Brias, on veut vous faire faire quelque énorme sottise.

— Ah ! ça, Montéclain, plaisantez-vous ou parlez-vous sérieusement ?

« Je n'ai aucune envie d'accepter de personne le rôle de marionette que vous prétendez qu'on veut me faire jouer, ou que vous voulez me faire jouer vous-même.

— La terre tremble, dit Montéclain d'un ton singulier, le ciel se couvre de nuages, le vent mugit dans la vallée. Gare à ceux qui se promènent dans les bois par un temps pareil.

— Ah! ça, Montéclain, êtes-vous revenu illuminé de votre dernier voyage en Allemagne, ou avez-vous des prétentions au rôle de Mac Allan depuis votre pélerinage en Ecosse?

« Expliquez-vous plus clairement.

— Je ne le puis, si vous ne me répondez franchement... Que vous a dit Léona ?

— Eh bien ! puisqu'il faut tout vous dire, elle m'a demandé un rendez-vous pour demain.

— Voilà tout ?

— Voilà tout.

— En ce cas, je m'y perds. Vous irez ?

— Certainement.

— Voulez-vous que j'y assiste ?

— Ah ! voici encore qui devient d'une indiscrétion...

— Savez-vous quelle est cette lettre qui a fait pâlir Amab et qui a valu à Champmortain d'être renvoyé avec nous ?

— Non.

— Vous n'en avez pas d'idée ?

— Non. Mais vous qui voyez tant de choses dans les nuages, ne l'avez-vous pas deviné ?

— Parfaitement.

— Ah ! diable !.. Qu'est-ce que c'était ?

— Ceci restera mon secret tant que vous garderez le vôtre.

— Mais je n'en ai pas, je vous l'affirme.

— Eh bien ! Brias, cette lettre renfermait votre arrêt de mort...

Brias tressaillit.

— Vous êtes fou, ou vous voulez que je le devienne.

— Voulez-vous me laisser assister à ce rendez-vous ?

— J'irai bien armé...

Montéclain se mit à rire.

— Est-ce que vous croyez qu'on veut vous assassiner ?

— Mais que diable! si c'est mon arrêt de mort... c'est probablement pour demain l'exécution.

— Pas encore ; mais, je vous en prie, que ce soit convenu, je serai là, caché tout près de vous.

— Savez-vous, dit Brias, qui voulait être gai et qui ne le pouvait pas, que cela peut devenir fort gênant ?

— Peste! quel triomphateur, dit Montéclain.

— Avec Léona, fit Brias du ton le plus fat.

— Mon cher, dit Montéclain d'un ton sententieux, voilà deux ans que Champmortain est en campagne, et je ne parierais pas pour sa victoire.

— Je ne le croyais pas si niais.

— C'est que vous ne connaissez pas Léona.

Ils se séparèrent, et chacun rentra chez soi.

AMOUR.

VIII.

Dans cette même journée, monsieur de Rudesgens, sa femme et sa fille avaient été faire une visite à monsieur de Montaleu ; ils y étaient restés à dîner.

Au milieu de la soirée, Sylvie avaient déclaré qu'elle étaient fort souffrante.

Sa mère lui avait proposé de se retirer sur-le-champ, mais elle avait assuré que le mouvement de la voiture la rendrait plus malade, et il avait été décidé qu'elle coucherait au château de Montaleu.

La comtesse de Monrion avait donc conduit madame de Champmortain dans une chambre contiguë à la sienne, puis après s'être assuré que rien ne lui manquait, elle était rentré chez elle, laissant monsieur de Rudesgens fort occupé à faire un mort contre son épouse et monsieur de Montaleu.

Lorsque Julie fut seule, la bonne grâce, l'empressement, l'expression bienveillante et heureuse qui animaient ordinairement son visage en présence des étrangers, disparurent tout-à-coup, pour faire place à une expression de mélancolie et de découragement.

Enveloppée d'un long peignoir blanc, elle erra quelque temps dans la chambre quasi-royale qu'elle occupait, prenant et quittant chacun des objets qu'elle rencontrait sous sa main, cherchant quelque chose sur quoi fixer son attention sans pouvoir y réussir.

Deux ou trois fois elle posa son pied blanc et nu sur la première marche de l'estrade sur laquelle s'élevait le vaste lit à dais de cette chambre, mais à chaque fois elle redescendit tristement. Elle était trop sûre de n'y pas rencontrer le sommeil.

Elle alla alors s'asseoir dans un de ces vastes fauteuils gothiques où les peintres aiment à poser de grâcieuses et blanches jeunes filles sur le fond sombre de quelque riche tapisserie. Heureux! s'ils avaient vu Julie ainsi placée, sa blonde tête jetée en arrière, ses deux mains réunies sur ses genoux et fixant au ciel des beaux yeux bleus d'où s'échappaient des larmes silencieuses.

Quelles pensées l'agitaient? quel malheur planait sur elle pour qu'elle pleurât ainsi.

Peut-être n'eût-elle pas osé l'avouer, car elle parut avoir quelque honte de l'émotion à laquelle elle se livrait.

En effet, elle se leva brusquement, ouvrit sa fenêtre et s'y accouda pour y respirer à la fois le parfum et le calme de la nuit.

En face d'elle était le château dont elle portait le nom, habité par celle qui avait voulu la perdre et qui d'un souffle empoisonné avait éteint dans son âme la première flamme qui l'avait brûlée. Une lumière isolée luisait dans cette maison.

« C'est peut-être lui qui veille, se « dit Julie.

« Oh! le malheureux, qu'il doit « souffrir s'il a jamais compris à « quel point je l'aimais! Oh! maudite

« soit la femme qui a flétri ce noble « génie, quoiqu'elle ait rompu une « union où, je le sens à présent, je « n'aurais trouvé que le malheur.

« Hélas, celui qu'elle m'a légué « est-il moins affreux. Qui suis-je « maintenant?... quel sera mon « avenir?...

« A peine protégée par un vieillard « presque éteint, vivant dans un « monde qui n'est pas le mien et que « j'aime, j'y marche en aveugle avec « un nom qu'on m'a jeté comme une « réparation et qui ne m'appartient « pour ainsi dire que par hasard ; car

« cette autorité d'une vie honorable,
« acquise sous la protection d'un
« époux, cette sanction du nom qu'on
« porte et qui dit à tous qu'on est
« digne de le porter, je ne les ai pas.
« La mort ou l'absence m'ont enlevé
« les seuls affections indulgentes que
« Dieu ait données aux hommes. Je
« suis seule dans ma vie, qu'en fe-
« rai-je ? »

A ce point de ces réflexions, les larmes de Julie recommencèrent, mais cette fois elle s'y abandonna ainsi qu'aux pensée qui les amenaient.

« Hélas, se dit-elle, faut-il vivre « et mourir ainsi l'âme vide, sans « espérance, sans amour?

« O mon Dieu, prenez en pitié ce « tumulte de mon âme où je m'égare, « cette soif d'aimer qui me brûle et « que je n'étancherai jamais.

« Qui aimerai-je maintenant?... « Qui oserais-je aimer sans craindre « de me briser plus que jamais « à quelque passion égoïste, à quel- « que hideux calcul?

« Oh! la trahison, le désespoir, « les larmes, toutes les douleurs

« d'une passion méprisée, sont pré-
« férables à cette solitude du
« cœur.

« N'espérer rien, ne croire à rien,
« n'attendre rien... c'est affreux.

« Aller ainsi devant soi dans la
« vie, sans y voir un asile où puisse
« se reposer le cœur, sans y crain-
« dre même un écueil où il puisse
« se briser. C'est la mort.

« Nager dans le vide infini où
« ne luit aucun monde qu'on espè-
« re atteindre, ce vide fût-il éclairé
« de la plus éblouissante lumière

« du ciel, c'est aussi épouvantable « que de tomber dans les ténèbres « sans fin de l'enfer.

« O mon Dieu, arrachez-moi à « ce vertige. Ne me laissez pas « seule avec moi-même...

« J'ai besoin d'aimer... Mon cœur « se meurt de solitude et d'ennui... « Qui m'aimera, mon Dieu... qui « aimerais-je? »

Ainsi pensait Julie, si toutefois on peut appeler penser ces ardentes aspirations qui se perdaient dans l'espace, ce cri d'un cœur solitaire auquel rien ne répondait.

Un nouveau mouvement lui fit repousser avec terreur ces désirs inféconds, et elle joignit les mains en priant Dieu de la délivrer de ces funestes pensées.

Julie était ainsi plongée dans les larmes et dans la prière, lorsqu'elle entendit tout-à-coup, à côté d'elle, éclater de plus cruels sanglots, de plus douloureux gémissements...

Elle écouta...

C'était madame de Champmortain qui gémissait ainsi près d'elle.

Julie crut qu'elle se trouvait plus malade ; elle sortit rapidement de sa chambre, et entra dans celle où était Sylvie.

Madame de Monrion s'arrêta sur le seuil, aussi surprise qu'épouvantée.

Madame de Champmortain, à demi-nue, était à genoux sur le

tapis, ses cheveux tombaient en désordre sur ses pieds, et l'infortunée, la tête et le corps renversés en arrière, les mains tendues vers le ciel, s'écriait avec des sanglots convulsifs :

— Mon Dieu ! mon Dieu ! mon Dieu ! prenez pitié de moi !

Madame de Monrion courut vers madame de Champmortain.

Celle-ci la regarda, et laissa de nouveau éclater ses larmes, en lui disant :

— Oh ! si c'est vous qu'il envoie à mon aide, ayez pitié de moi !... Pitié ! pitié !

— Calmez-vous, lui dit Julie en s'asseyant près d'elle et en essayant de la relever.

— Non, lui dit Sylvie, je suis bien là, à genoux devant vous, qui êtes pure et heureuse, moi qui suis si coupable et si infortunée !

— Coupable ! vous, Madame, dit Julie... Non... non... vous souffrez... Je vous consolerai si je le puis.

Sylvie cacha son front dans les genoux de Julie et les inonda de larmes, puis elle releva tout-à-coup la tête en disant :

— Oh ! tenez, il faut que je vous dise tout, il faut que mon cœur éclate, dussiez-vous me mépriser, dussiez-vous me trahir, il faut que je dise à quelqu'un ce que je souffre !

Julie, émue de cette douleur cruelle, ne savait cependant comment l'aborder ; elle avait été si stupéfaite en entendant madame de Champmortain s'accuser d'être coupable, qu'elle tremblait de lui faire la moindre question.

Cependant elle se hasarda à lui dire :

— Est-ce donc monsieur de Champmortain qui vous fait tous ces chagrins?

— Oh! lui dit Sylvie, ils me viennent moins de lui que de moi-même, quoiqu'il en soit la première cause.

— La légèreté de sa conduite, peut-être?

Sylvie secoua doucement la tête.

— Mais qu'est-ce donc?

— Ce que c'est, dit Sylvie l'œil éperdu, c'est un amour insensé, jaloux, furieux... Oui, j'aime à en perdre la raison.

— Pauvre Sylvie! dit Julie toute tremblante de l'expression énergique et ardente dont madame de Champmortain avait prononcé ces paroles.

— Ecoutez-moi, reprit Sylvie, je veux tout vous dire, tout...

« Voilà deux ans que je me meurs, deux ans que je m'étouffe le cœur pour qu'il se taise... Il faut que je parle... Mieux vaut que ce soit à vous qu'à lui...

— Qu'à lui, avez-vous dit, il ignore donc...

— Non...il sait... ou plutôt il ne sait rien... Vous-même ne me comprendriez pas... si je ne vous disais cette folie désespérée qui me torture. Ecoutez donc...

« Vous savez qu'il y a environ cinq ans, j'épousai monsieur de Champmortain...

— Oui.

— Je ne l'aimais pas... je n'aimais rien... Elevée dans les habitudes austères d'un couvent, j'acceptai le mariage comme l'accomplissement d'un devoir envers ma famille.

« J'étais sans amour pour monsieur de Champmortain comme sans répulsion pour lui. Son élégance, sa facilité dans la vie, sa constante bonne humeur, ce savoir-vivre exquis qu'il apportait dans le monde, et surtout les droits du mariage qui livrent tout une femme, moins son cœur, à celui dont elle a accepté la main, le respect que j'avais pour tout ce qui est un devoir me persuadèrent que je l'aimais.

« Je pris pour de l'amour cette servilité de mon âme qui me faisait obéir à ses volontés et céder à ses désirs.

« J'entendais bien quelquefois parler autour de moi de ces funestes passions qui pressent le cœur, le déchirent et l'enivrent ; mais je considérais comme des fous ou des comédiens ceux qui disaient les avoir éprouvées.

« D'ailleurs je dois vous le dire, Julie, la sévérité de ma vie écartait de moi l'apparence même de semblables passions. Je vivais ainsi calme, partagée entre mes devoirs religieux et les soins de ma maison, dans laquelle monsieur de Champmortain trouvait peut-être une réserve qui contrariait la liberté de ses mœurs.

« Que ce soit ma faute ou la sienne, je ne sais... je n'accuse plus, je plains ceux qui tombent; quoi qu'il en soit, dis-je, il abandonna peu à peu sa maison.

« Je ne l'aimais pas, Julie, car son absence ne me laissait aucun vide, elle blessait seulement la régularité de mes habitudes.

« Mais enfin vint un jour où je souffris cruellement, ce fut celui où j'appris que j'étais délaissée pour une indigne rivale, pour une femme qui flétrit tous ceux qui l'approchent et dont vous savez mieux que moi la funeste puissance, madame Léona Amab.

— Elle! dit Julie avec un mouvement d'effroi. Oh! je comprends alors vos terreurs, votre désespoir...

Je comprends combien votre cœur dut être blessé...

— Non, reprit madame de Champmortain d'une voix haletante... Mon cœur ne souffrit pas...

« Je le crus alors; maintenant je sais ce que c'est que la douleur du cœur, je ne m'y trompe plus.

« Ma vanité fut blessée, mon orgueil se révolta. Dieu m'a punie d'avoir écouté ce sentiment funeste, et qui a précipité du ciel le roi des anges...

« Ce que je souffre est le châtiment que Dieu m'a infligé, l'abîme où je me débats, le feu qui me brûle, c'est l'enfer où il m'a jetée...

« O Seigneur, dit Sylvie en joignant les mains avec une sainte ferveur, ai-je assez souffert; n'éteindrez-vous pas ce foyer où se consument les forces de mon âme et de mon corps?

« Oh! mon Dieu, mon Dieu, tuez cet amour dans mon cœur, ou tuez-moi avec lui.

— Mais, dit Julie, n'avez-vous pas le droit d'être irritée de l'abandon de monsieur de Champmortain?...

— Sans doute; mais je ne devais pas écouter les orgueilleux conseils de cette juste colère. Elle me persuada... oh! Dieu vous garde jamais d'une pareille tentation! elle me persuada de punir mon mari de cet abandon en lui faisant craindre le mien.

« Des amies fatales, pour qui la coquetterie est un jeu qu'elles croyaient facile à toutes les natures, me persuadèrent d'éveiller à mon tour la jalousie de mon mari.

— Imprudente! dit Julie.

CONFIDENCES.

IX.

Sylvie de Champmortain continua :

— Il y avait parmi les nombreux amis de monsieur de Champmortain un jeune homme qu'on citait pour ses succès, l'éclat de ses conquêtes et celui de ses ruptures; il venait rarement nous voir.

« Je le haïssais précisément pour tout ce qui le faisait rechercher des autres femmes. Ce fut celui-là... ce fut... monsieur de Brias, qu'importe que je vous dise son nom, vous le devineriez...

— Monsieur de Brias! fit Julie avec effroi.

— Ce fut lui, continua Sylvie, qui remarqua ce mouvement, ce fut lui que je choisis de propos délibéré pour en faire le rival de monsieur de Champmortain; maintenant que je suis perdue, je puis vous le dire.

« J'en eusse connu un autre plus diffamé par ses nombreuses bonnes fortunes, que je l'eusse préféré.

« Je portais un reste de justice dans ma mauvaise action; je n'eusse pas voulu donner de vaines espérances à un cœur pour qui elles eussent été un chagrin mortel...

« Oh! folle orgueilleuse que j'étais, il me semblait que je devais inspirer un amour dont on pouvait mourir, et je ne prévoyais pas que ce serait moi qui l'éprouverait...

« Enfin, je pris occasion d'une visite ; je jouai mon rôle avec assez d'art pour que monsieur de Brias se crût remarqué! Il s'habitua à revenir, je le vis souvent, puis tous les jours. Il me parla d'amour, et moi, toujours orgueilleuse, toujours sûre de moi, je l'écoutais...

« O Julie! quel monde nouveau s'ouvrit devant moi à cette parole brûlante qu'il faisait entendre à mon oreille ; il me sembla que mon cœur, jusque-là étreint dans une enveloppe glacée, ouvrait ses ailes à la vie, à la lumière, à la chaleur, comme le papillon qui s'échappe de sa prison... je me sentais bercée dans une atmo sphère enivrée de parfums humides et brûlants ; j'écoutais avide, frémissante, éperdue...

« Je m'arrachai à ce délire, et je rentrai en moi-même ; je voulus prier, et je murmurai les mots d'amour qu'il m'avait appris...

« Je me condamnai à ne plus le

revoir, et je le voyais sans cesse à mes genoux, triste, suppliant, ses yeux dans mon cœur... La nuit, il traversait mes rêves et me chassait toute tremblante de mon lit... le jour, il prenait mes pensées, partout, dans le monde, au théâtre, à l'église; son nom, sa voix, son haleine flottaient autour de moi.

« Je faillis en devenir folle, j'eus plus peur de moi que de lui, je crus son souvenir plus puissant que lui-même... Je le revis... je le revis...

« O Julie! malheur à moi!...

A sa vue, à sa parole, je retrouvai dans mon âme cette joie souveraine, ineffable, où toute la vie se perd dans l'unique sensation de l'amour... J'eus encore peur, et je le chassai encore...

« Mais un jour vint où, le voyant irrité, prêt à me fuir... je lui dis que je l'aimais...

« Il y a trois mois de cela. C'est alors, Julie, qu'a commencé cette lutte où je péris...

« J'ai quitté Paris pour fuir le danger; il m'a suivie ici...

« Il ne demande plus à genoux. il commande, il veut, il exige, il me dit que si je n'oublie pas pour lui et mes devoirs de femme, et l'honneur, et Dieu, et la chasteté et la pudeur... il dit que c'est que je ne l'aime pas... il me menace de fuir... de me donner une rivale... Julie! Julie! il dit que je ne l'aime pas...

« Mais quand il me parle, quand il m'implore, il doit me voir pâlir, trembler, frémir...

« Je ne suis pas à lui, mon Dieu! s'écria Sylvie en se dressant sur ses genoux, vous avez permis qu'un dernier effort de cette vertu que je n'ai plus et dont j'étais si fière, me retînt au bord de l'abîme...

« Mais, mon Dieu ! soutenez-moi ! je n'ai plus de force contre lui... je n'en ai plus contre moi... Je l'aime... je l'aime, et si vous m'abandonnez, une heure viendra peut-être où je préférerai le remords de ma chute au terrible combat où vous m'éprouvez. »

— Et vous vous disiez coupable, s'écria Julie... vous qui résistez avec tant de désespoir à l'amour qui vous torture !...

— Oh ! oui, je suis coupable, Julie ; malheur à la femme qui laisse pénétrer dans son cœur un sentiment illégitime... elle va à sa perte ; car j'ai beau me débattre, je sens que je marche invinciblement à la mienne.

« J'ai résisté à mon amour, Julie ; je résiste à ce délire qui suspend mon âme tout entière à un accent de sa voix, à ce délire qui me jette à lui peut-être plus encore que lui-même ne m'y attire ; mais je ne résisterai pas à ma jalousie, je le sens...

« Savez-vous, Julie, qu'il y a ici une femme belle, dit-on, à troubler la raison des plus glacés ; cette femme, il la connaît, il va la voir... cette femme, à l'heure qu'il est, il est encore peut-être près d'elle. S'il l'aimait comme l'a aimée monsieur de Monrion, comme l'aime monsieur de Champmortain !...

— Elle encore ? s'écria Julie.

— Oui, elle, toujours !... Elle ne craindrait pas, elle, de répondre à cet amour, et de lui donner les preuves funestes sans lesquelles il dit qu'on n'aime pas...

« Eh bien! Julie, s'il doit me quitter pour elle; si je ne puis le retenir qu'au prix de mon honneur, je me perdrai, Julie, je vous le jure.

— Oh! ne dites pas cela, Sylvie, ne dites pas cela : Dieu vous a soutenue, Dieu vous sauvera.

— Non, Dieu m'abandonne; je le prie tous les jours, partout, à toute heure; je macère mon âme et mon corps... Satan l'emporte; je l'aime plus que jamais... Julie, je vous dis que je suis perdue.

— Rappelez votre raison; comparez le malheur où vous plongerait une faute à celui que vous souffrez maintenant; il serait mille fois plus horrible. Si vous saviez quelles terreurs, quel désespoir suivent une faute! Oh! ajouta Julie avec un soupir profond, ne l'apprenez jamais!

— Eh! mon Dieu! reprit Sylvie d'une voix sombre, si le remords est une torture, le crime a ses joies qui le font oublier... Savez-vous ce que j'ai fait aujourd'hui ?

— Non, dit Julie alarmée.

— Eh bien! cette femme, cette Léona... Monsieur de Champmortain a exigé de ma mère qu'elle fût invitée à sa fête.

— Elle y a consenti?

— Oui!

— Et vous?

— Moi!

— Oui, vous, dont elle a flétri

l'existence en séduisant monsieur de Champmortain ; vous n'avez pas permis, je pense, qu'il introduisît chez vous cette indigne rivale?

— Oh ! je n'en suis plus là, dit Silvie.

« La dignité de l'épouse ne se révolte pas si fièrement dans mon cœur ; si ce n'eût été que monsieur de Champmortain, j'aurais laissé cette femme venir triompher dans la foule de nos invités ; mais il la connaît, lui aussi, il la voit, il la trouve belle ; il y allait aujourd'hui même... Eh bien ! j'ai voulu rendre à cette femme un peu du mal que je souffre ; j'ai voulu l'insulter et l'humilier devant lui ; j'ai attendu l'heure où devait être réunie autour d'elle cette cour d'adorateurs qui baise le pan de sa robe.

« J'ai envoyé chez elle cette invitation si impérieusement exigée par monsieur de Champmortain ; mais cette invitation n'était que pour monsieur Amab ; en acceptant le mari, je chassais la femme ; je l'ai chassée... Oh ! on la dit orgueilleuse ! J'ai dû la blesser cruellement... elle doit souffrir aussi.

« Et si je suis restée ici, c'est que je voulais fuir la colère de monsieur de Champmortain, à qui elle aura sans doute demandé compte de cette insulte. »

Il y avait dans l'accent de madame de Champmortain quelque chose d'égaré et de cruel qui fit peur à Julie.

Cependant elle essaya de calmer cette âme éperdue, cette tête bouillonnante; elle chercha à lui persuader que Brias ne pouvait aimer Léona; puis une fois qu'elle eut apaisé les fureurs de cette jalousie, elle lui montra la gloire du triomphe, la joie sereine qui récompense des douleurs du combat, la sainte fierté d'une âme éprouvée et et qui n'a pas succombé.

Julie fit si bien que la foi chaste et persuasive de son âme sembla tomber comme une rosée rafraîchissante sur ce désespoir brûlant.

Mais pour lui parler au nom de ses devoirs, au nom de Dieu et de la vertu, il fallut que Julie écoutât les plaintes, les cris, les désirs de cette folle passion ; si bien que lorsque la nuit se fut passée dans ce long et pénible entretien, Sylvie se disait :

« Oh! elle est heureuse, elle n'aime pas. »

Et Julie murmura avec tristesse.

« Elle souffre... mais elle aime. »

Le lendemain, Sylvie avait repris son désespoir, Julie avait gardé sa mélancolie.

Cependant madame de Monrion essaya de retenir Sylvie; mais à mesure que le jour avançait, une fiévreuse inquiétude s'empara de madame de Champmortain; enfin, lorsque sonna deux heures, Sylvie tremblante, éperdue, s'échappa ; et comme Julie voulait la retenir, comme elle la suppliait, elle lui répondit d'un ton égaré :

— Il m'attend près du parc à trois heures..... il faut que je le voie...

Et elle s'arracha aux larmes, aux prières de Julie.

A trois heures... c'était de toutes les heures que Léona avaient proposées à Brias la seule qu'il eût refusée.., et le bois placé près du parc de Sylvie était le seul endroit que Brias avait trouvé peu convenable pour un rendez-vous.

FIN DU PREMIER VOLUME.

LAGNY. — Imprimerie de GIROUX et VIALAT.

www.ingramcontent.com/pod-product-compliance
Lightning Source LLC
LaVergne TN
LVHW050508100826
845148LV00002B/269

* 9 7 8 2 0 1 2 1 9 4 6 2 5 *